重庆市高等学校"三特行动计划"建设项目（贸易经济特色专业）资助成果

重庆乡镇

农贸市场发展研究

Chongqing Xiangzhen
Nongmao Shichang Fazhan Yanjiu

陈淑祥　张　驰　等著

西南财经大学出版社

图书在版编目(CIP)数据

重庆乡镇农贸市场发展研究/陈淑祥,张驰等著.—成都:西南财经大学出版社,2017.11

ISBN 978 - 7 - 5504 - 2771 - 6

Ⅰ.①重…　Ⅱ.①陈…②张…　Ⅲ.①乡镇—集市贸易—研究—重庆

Ⅳ.①F724.3

中国版本图书馆 CIP 数据核字(2016)第 297885 号

重庆乡镇农贸市场发展研究

陈淑祥　张驰　等著

责任编辑:李筱

助理编辑:詹丹妮

封面设计:墨创文化

责任印制:封俊川

出版发行	西南财经大学出版社(四川省成都市光华村街55号)
网　　址	http://www.bookcj.com
电子邮件	bookcj@foxmail.com
邮政编码	610074
电　　话	028 - 87353785　87352368
照　　排	四川胜翔数码印务设计有限公司
印　　刷	四川五洲彩印有限责任公司
成品尺寸	170mm×240mm
印　　张	15.5
字　　数	270 千字
版　　次	2017 年 11 月第 1 版
印　　次	2017 年 11 月第 1 次印刷
书　　号	ISBN 978 - 7 - 5504 - 2771 - 6
定　　价	88.00 元

前　言

　　本书是重庆工商大学经济学院贸易经济专业开展的"重庆市高等学校'特色专业、特色学科、特色学校'项目建设计划"（简称"三特行动计划"）建设活动的成果之一。贸易经济专业是重庆市级特色专业，开展本项活动旨在让学生在专业教师的指导下参加专业社会实践调研，提升学生对专业领域的社会认知水平和专业知识的综合运用能力，促进专业人才培养质量的提高。

　　为加快乡镇农贸市场发展，加强对市场的监督管理，进一步规范市场经营秩序，创建文明、有序、卫生、安全的农贸市场环境，重庆工商大学贸易经济"三特"专业建设的部分师生于2015年1~7月对重庆主城及周边的一些农贸市场的经营状况进行了调研分析。

　　调研分为21个小组，参加的同学有47名。同学们来自经济学院贸经、国贸、会展、经济学专业，是在校大一至大四的学生。同学们走访了20多个市场，对这些市场的经营者、消费者及管理人员进行了访问，发放问卷1000多份。师生们通过现场或网络，以集中或分散的形式，就有关市场调研、论文写作、修改、统稿之事进行了近半年的研讨，最后形成研究论文22篇。大家对重庆市乡镇农贸市场的发展现状、存在问题及对策提出了各自的意见和建议。

　　本书可供政府相关部门决策参考，也可供从事乡镇农贸市场经营管理的实务工作者参考，同时还可作为理论研究的参考。

　　本书在编著过程中，参阅借鉴了一些其他专家学者的研究成果。在此，向所有为本书的调研编辑出版直接或间接做出贡献的朋友们表示感谢。乡镇农贸市场研究范围广，尚有许多待进一步探索的新问题、新情况。同时，由于研究人员的水平和时间有限，书中难免存在一些不足，敬请读者和其他来自理论界、教育界和实业界的专家学者们不吝赐教。

陈淑祥

2016 年 9 月 16 日

目　录

主研究

重庆乡镇农贸市场发展研究

陈淑祥①

农贸市场是指销售蔬菜、瓜果、水产品、禽蛋、肉类、粮油、调味品等各类农副产品的场所，也称集贸市场，主要分布在城乡居民居住区附近。现在，城市一般称其为菜市场，城市周边区县的广大乡镇才称其为农贸市场。本书研究的对象主要是后者。

乡镇农贸市场在城乡特别是广大农村经济发展中一直发挥着重要作用，是乡镇农产品交换的主要平台，其在促进商品生产、满足居民消费、解决就业、增加税收等方面发挥了积极作用。乡镇农贸市场建设是涉及千家万户的社会公益行动，是方便群众生活的一项民生工程。居民经常在乡镇农贸市场购物是因为其中的商品新鲜、品种多、价格便宜等。重庆市现有乡镇农贸市场 1 000 多个，大部分在 20 世纪 90 年代建成。目前有些市场仍存在购物环境比较脏、乱、差，市场管理不规范，产品质量没有保障，产品结构布局不合理，停车困难等问题。对这些问题进行调查研究，具有重要意义。

在重庆市高等学校"三特行动计划"建设经费资助下，重庆工商大学经济学院部分师生于 2015 年 1~7 月对重庆市周边区县的一些乡镇农贸市场进行了调研分析。

本调研组选择的市场有璧山区大路街道天星宝农贸市场、丰都县包鸾镇农贸市场、巴南区长生桥和木洞镇农贸市场、酉阳县李溪镇农贸市场、武隆仙女山镇石梁子农贸市场、渝北区龙兴镇农贸市场、黔江区水田乡农贸市场等 21 个区县的乡镇农贸市场。同学们走访了 20 多个市场，对这些市场的经营者、消费者及管理人员进行了访问，发放问卷 1 000 多份。师生们通过实地或网络，以集中或分散的形式，就有关市场调研、论文写作、修改、统稿之事进行了近半年的研讨，最后形成研究论文 22 篇。大家对重庆乡镇农贸市场的发展

---

① 作者陈淑祥系重庆工商大学经济学院教师。

现状、存在问题及对策提出了各自的意见和建议。

一、市场基本情况分析

1. 重庆市乡镇农贸市场发展情况

2013年，重庆市已建乡镇农贸市场情况如表1所示。

表1   **2013年重庆市已建乡镇农贸市场情况**

序号	市场所在区域	数量（个）	市场产权属性（市场所有制形式）
1	大渡口	4	国有、民营各2家
2	江北区	4	国有1家，民营2家，股份1家
3	沙坪坝	4	国有、民营各2家
4	南岸区	3	国有、私营、集体各1家
5	北碚区	22	私营为主
6	渝北区	30	国有、私营、集体各占约30%
7	巴南区	26	民营为主
8	涪陵区	28	国有、私营、集体各占约30%
9	长寿区	15	国有、私营、集体各占约30%
10	江津区	55	民营、集体为主
11	合川区	55	国有、私营、集体各占约30%
12	永川区	58	国有、私营、集体各占约30%
13	南川区	31	国有为主
14	綦江区	34	国有、私营、集体各占约30%
15	万盛经开区	11	集体为主
16	潼南县	23	民营100%
17	铜梁县	37	国有、私营、集体各占约30%
18	大足区	26	股份制占85%，乡政府占15%
19	荣昌县	22	民营100%
20	璧山县	15	国有、私营、集体各占约30%
21	万州区	50	集体为主
22	彭水县	40	国有、民营，以民营为主

表1(续)

序号	市场 所在区域	数量（个）	市场产权属性（市场所有制形式）
23	城口县	16	国有100%
24	丰都县	23	国有、私营、集体各占约30%
25	垫江县	33	国有、私营、集体各占约30%
26	忠县	28	民营100%
27	开县	48	私营为主
28	云阳县	40	民营、集体各占50%
29	奉节县	16	国有、民营为主
30	巫山县	16	民营为主
31	巫溪县	27	民营为主
32	黔江区	23	国有21家，占91%；民营2家
33	武隆县	28	国有27家，占96%
34	石柱县	28	集体为主
35	秀山县	24	集体占90%
36	酉阳县	37	国有、私营、集体各占约30%
合计		980	

资料来源：根据现场调研及市商委、市统计局资料整理。

2. 所调研农贸市场的发展情况

所调研农贸市场的发展情况如表2所示。

表2　　　　　　　　所调研农贸市场的发展情况

市场 名称	占地 面积 （平方米）	建成 时间 （年）	摊位或 门面数 （个）	经营 户数 （户）	从业 人员 （人）	临时 摊贩数 （个）	2014年 交易额 （万元）
鱼洞大江	3 000	2003	208	132	225	18	320
巴南区长生桥	1 500	1999	277	277	600		250
巴南区木洞镇	1 000	2011	58	58	260	100	100
北碚区天生	12 170	1995	500	500	1 000		3 000
璧山大路街道天星宝	4 400	2003	387	310	360	40	346

表2(续)

市场 名称	占地 面积 (平方米)	建成 时间 (年)	摊位或 门面数 (个)	经营 户数 (户)	从业 人员 (人)	临时 摊贩数 (个)	2014年 交易额 (万元)
长寿区凤城	1 800	2001	68	68	116	17	20
垫江县桂溪镇北门	5 700	1998	279	201	230		1 400
垫江县桂溪镇桂东	1 200	2002	120	200	300		253
丰都县包鸾镇	800	2010	115	107	200		100
奉节县夔府	3 500	2001	108	54	185	11	8 352
合川区瑞山西路	5 000	2004	453	380	1 457	200	31 000
彭水县郁山镇昌盛	2 000	1993	96	96	172	40	135
鱼洞莲花	1 500	1995	128	180	300		6 200
武隆仙女山镇石梁子	4 300	2014	200	130	300	20	4 800
酉阳县李溪镇	2 800		200	200	240		350
渝北区龙兴镇	1 500	2008	400	400	700		3 500
万州区长岭镇	4 000		230	230	400		4 000
忠县汝溪镇	1 380	2003	52	52	152	12	50
大渡口九宫庙	8 000		478	390	1 000		1 200
黔江区水田乡	1 000	1993	98	90	160		60
江津区小官山	3 000		229	500	2 000	198	9 200
合计	69 550		4 684	4 555	10 357	656	74 636
平均	3 311		223	217	493		3 554

资料来源：根据调研等资料整理。(部分数据有出入系保留整数所致。)

综合表1、表2内容可知，目前重庆乡镇农贸市场发展具有以下几方面特点：

第一，市场所有制形式。国有、集体、民营各占30%，其他如政府、股份公司、个体、私人共占约10%。有的地方，如潼南县（22家）、荣昌县（21家）全属于民营；而城口县（16家）全都属于国有。多数地方是多种所有制形式并存。

第二，市场占地面积。每个市场平均占地约3 311平方米。其中，1 000平方米以下2家，占4.76%（长沙市为32%）；1 000～3 000平方米12家，占

57. 14%（长沙市为 48%）；3 000~5 000 平方米 5 家，占 23. 81%（长沙市为 17%）；5 000 平方米以上 3 家，占 14. 29%（长沙市为 3%）。具体见图 1。

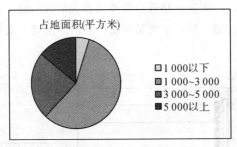

图 1　所调研市场占地面积百分比
资料来源：根据调研等资料整理。

第三，市场交易额。2014 年每个市场平均交易额为 3 554 万元（长沙市平均约 2 000 万元）。其中，500 万元以下约占 52. 39%；500~1 500 万元约占 9. 52%；1 500~5 000 万元约占 19. 05%；5 000 万元以上约占 19. 05%。具体见图 2。

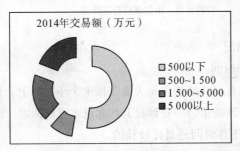

图 2　所调研市场 2014 年交易额百分比
资料来源：根据调研等资料整理。

第四，市场建立时间。2010 年前建成约占 70%，2010 年后建成约占 30%。

第五，市场作用。农贸市场是城乡特别是农村人口就业的重要场所，目前重庆占有 1 000 多个乡镇农贸市场，每个市场约有摊位或门面 223 个，每个摊位就业人数约为 3 人，每年可解决几十万甚至上百万人员的就业问题。农贸市场为大量城乡无业人员、剩余劳动力提供了较多就业岗位，已成为社会就业的重要助力之一。

二、市场经营情况分析

综合 20 多个调研组的调研资料，目前重庆乡镇农贸市场经营现状如下：

1. 市场商品经营分区情况

农贸市场一般划分了蔬菜、水果、肉类、水产、家禽、粮油等区域。调研资料显示，就摊位及门面数、经营户数及从业人员数来说，占比最高的是蔬菜区域，其次是肉类区域，然后依次是干副、日杂、水果、水产等区域。具体比例见图3。

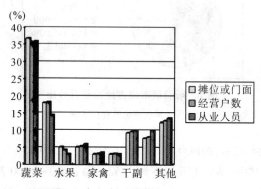

图3　农贸市场经营分区百分比

资料来源：根据调研资料整理。

2. 摊主基本情况

（1）摊主工作时间。

调查表明，约有60%的摊主每天要工作十个小时以上，他们从早上四点就开始到农贸市场处理蔬菜，一直到晚上八九点才可以回家。约40%的摊主则需工作8~10小时，工作时间还是比较长的。

（2）摊主年龄。

摊主年龄基本都是30~50岁，其中，20~30岁的占10%，30~40岁的占32%，40~50岁的占40%，50岁以上的占18%。

（3）摊位租金及商品来源。

摊主（经营户）的经营时间一般都在10年以上，摊位月租金为200~10 000元不等（江津小官山海鲜类摊位每月1万元），一般为500元/月。商品主要来源于附近的蔬菜基地和农产品批发市场，也有少数摊贩拿自家种养的商品到市场来卖。

3. 顾客基本情况

（1）顾客年龄阶段。

顾客每个年龄段的都有。其中，35~50岁的占40%，50岁以上的占38%，20~35岁的占16%，20岁以下的占6%。具体见图4。

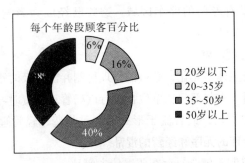

每个年龄段顾客百分比

- □ 20岁以下
- ▨ 20~35岁
- ▨ 35~50岁
- ■ 50岁以上

6%

16%

40%

图4 各年龄段顾客百分比

数据来源：根据调查数据整理。

（2）顾客购买频率。

顾客一周去市场3~4次的较多，占70%；1~2次的占15%；每天去的占15%。

（3）顾客步行到农贸市场的时间。

15分钟之内的占80%；15~30分钟的占15%；30分钟以上的占5%。

（4）顾客选择在农贸市场买菜的原因。

商品更新鲜、价格更便宜、品种更齐全、购买方便等。

（5）顾客对农贸市场出售产品的放心度。

放心的占60%，不放心的占10%，对有些产品放心、有些不放心的占30%。

（6）顾客对市场环境、基础设施、管理服务的满意度。

都比较满意的占60%；对一些满意、一些不满意的占30%；其他的占10%。

4. 市场管理情况

农贸市场管理办公室设在市场内，负责管理农贸市场日常事务，包括农贸市场卫生管理、不合格产品退货管理、入市管理、市场内部设施管理和维护等。有些管理公司管理水平差、管理不到位、责任心不够，只是收取一定的摊位费，没有做过管理规划。

三、市场存在问题分析

1. 基础设施比较落后，配套设施不齐全

较多农贸市场建设年限已久，建筑物显得十分陈旧，场内摊位破旧，有的甚至是临时搭建的台位。市场的水电设施和排污设施已经不能满足现代市场经营的需要。市场没有专门的停车区域。这些已经成为影响市场发展的关键因素。

2. 市场监管力度不够

农贸市场投资主体多元化，政府的管理机制并没有及时跟上，没有明确具体的行业主管部门。一些部门和单位在履行市场管理职责时习惯于当配角，主体意识不强，工作被动，或者流于形式，或重收费、轻管理，重权利、轻责任，造成了市场管理的无序和经营的混乱。

3. 商品准入机制不健全，存在假冒伪劣商品

粮、油、肉、蔬菜、瓜果等基本商品进货渠道繁杂，经营者很重视价格，不保证质量。没有实行起码的市场准入制度，工商部门只能在查处环节进行管理，难以从源头上保证食品质量安全。

4. 经营者行为不规范

（1）市场普遍存在未按规定明码标价的现象，原因是商品种类繁多，货品流通时间短。

（2）经营者建立的进销货台账填写不全面、不规范，索票难。原因有：一是所经营的商品种类繁多，物品杂，记录不全面、有遗漏；二是经营场地小、摆放商品乱，记录时不方便，造成经营户懒惰；三是个别经营者文化水平低，填写困难；四是多数消费者对索证索票的认识不到位。

5. 市场卫生环境较差

摊主将商品放在走廊、过道，烂果菜没有及时清理，垃圾箱设置少，污水、污物存在，有随意乱扔乱倒现象出现，购物环境和卫生条件难以满足消费者的心理预期。

6. 消费者权益难获有效保护，维权成本高

遇到商品短斤少两、假冒伪劣的情况，消费者维权难。原因有：一是群众举报积极性尚未调动，缺乏有效的激励措施。对于眼皮子底下生产伪劣食品的地下黑窝点，群众主动举报的很少，协助执法部门捣毁的更是屈指可数。主要是因为缺乏有效的激励措施，不能有效地激发群众举报的积极性。二是有关部门不作为，且政府对不作为缺乏监督机制，对作为缺乏激励机制。

7. 马路市场问题严重

不少农贸市场外围都存在马路市场。有些摊主外出或周围农民为图方便，随意在公路两旁摆摊卖货，既不利于管理，又影响交通。

8. 市场业种配置和布局不合理

较多市场自建立以来，其业种配置和布局就很少根据市场消费环境变化而

进行科学有效的调整。

9. 市场收益率低

农贸市场具有很大的公益性质，为实现政府所要求的"菜篮子"工程建设，市场建设往往是投入大、收入小，致使市场日渐破败，甚至改造升级后其经济效益不升反降。农贸市场盈利模式单一，其经营收入以租金收入为主，而由于市场租金提升有限，市场经营规模难以扩大，这成为其运行利润低下的主要原因。

10. 新型商业业态分走客源

城乡大型超市、购物广场、连锁专卖店、生鲜超市、便利店增加，部分农贸市场实行"农改超"，它们以优越的地理位置、优质的服务、整洁的环境、齐全的商品吸引着大批经营户和消费群体，这对传统农贸市场，特别是购物环境较差的农贸市场造成很大的冲击。

11. 高素质经营管理人员少

有一流的人才才有一流的经营管理。一直以来，人们认为农贸市场行业是一个"夕阳"行业，对农贸市场的认识是环境脏乱差、发展前景有限，导致农贸市场长期以来吸引不了专业的人才。一流人才的缺失，一方面使市场的经营缺乏战略性规划，另一方面使市场管理人员难以正确理解和落实公司的发展措施，执行力不够。

四、进一步改进的建议

1. 拓宽市场基础设施建设资金来源渠道

（1）鼓励社会多方投资。乡镇农贸市场的建设不可能单单依靠国家和地方政府，更多的要依靠社会各界的力量，要多方面、多渠道、多层次筹集资金。地方政府应该制定优惠政策，积极创造条件，鼓励个人、集体、外商多方投资于乡镇农贸市场的建设。同时乡镇农贸市场的建设应该与小城镇的改造、房地产的开发和土地功能的置换结合起来，将新市场的建设与老市场的改造结合起来。这样既有利于筹集市场建设所需的资金，促进乡镇农贸市场的合理发展，又能为人们经商置业提供机会。

（2）加大政府资金投入力度。将扶持农贸市场建设和管理所需经费纳入财政预算，从城市建设配套费等项目中列支，设立专项基金。由政府牵头，采取政府补一点、业主出一点、向上级商务主管部门争取一点的方式，探索由政府引导、市场运作、政策推动的市场建设和改造新模式，把农贸市场建设和改造纳入政府为民办实事的民生工程。

2. 建立健全市场综合监管机制

建立联合执法工作模式，联合工商、卫生、城管、物价、技术监督、动物检疫等部门联合执法，提高执法水平。进一步建立健全行政执法监督制约机制和执法责任制，明确各部门执法范围，尤其是明晰责任，防止出现各部门相互推诿的现象，形成各责任部门"有分有合、协同共管"的农贸市场监管机制。

3. 加强商品质量管理

（1）严把市场准入关，从源头上保证商品质量安全。要将一些脏、乱、差的个别经营户坚决拒之门外，优化食品消费环境。

（2）加强对上市商品质量的监督检查力度，严厉查处销售假冒伪劣商品的违法行为。推行市场预警制和市场信用分类监管制度，对轻微违规违章行为进行警示并限期整改，按照信用等级开展巡查。加强上市商品质量的监管，推行重要商品的"场厂挂钩"制度，有效地规范市场经营行为。

（3）开展全民食品卫生安全教育。通过各种宣传工具和宣传形式，有针对性、分期分批地对不同人群进行食品卫生知识的健康教育，以及传授假冒、伪劣食品的鉴别方法，增强广大人民群众的自我保护能力，摒弃销售假冒、伪劣食品的行为，让假冒、伪劣食品在市场中无立足之地。

（4）向全社会公布监督举报电话，安排专人负责查处举报内容，扩大监督辐射半径。

4. 探索卫生保洁模式

可借鉴湖南株洲市湘天桥和竹山农贸市场对市场进行保洁的模式，其采用整体打包——由保洁公司统一清扫、统一保洁的管理模式，取得了很好的效果。2012年，通过在当地所有农贸市场进行推广，各农贸市场已实现了全天候保洁，市场环境卫生大为改善。

5. 注重对日常管理的监督考核

对于农贸市场的市容市貌、日常管理情况，有关部门可进行网格化、全方位的考核。每月进行一次考评，奖优罚末，形成激励和制约机制。这样，农贸市场的经营管理就有了"抓手"，可为农贸市场各项经营管理措施的落实打下良好基础。

6. 坚决制止占道经营，完善露天市场管理

一是增加市场内流动摊位的数量，降低市场内门面、摊位的经营费用，积极引导摊主进场、进店经营。二是场外设置临时摊点群，统一管理。本着不影响镇容、不影响群众生活秩序的原则，在临时摊点管理上划分行业、划分地点、划分时间。对占道经营采取批评、处罚等措施。

7. 防止出现"有市无场，有场无市"现象

一些地方农贸市场存在"有市无场"或"有场无市"现象。想要解决这个问题，首先是要遵循市场客观规律，做到合理布局。市场的选址要科学，设计要合理，应统筹考虑人、车、交通和物流情况。同时，要降低市场费用。农贸市场的经营者大多是小本经营，他们大部分是当地的农民，各种费用过高往往是他们宁可日晒雨淋沿街叫卖，也不进正规农贸市场的原因。因此，为减轻他们的负担和出租摊位，降低市场准入费用是一个不错的办法。

8. 加强建设有特色的专业化农贸市场

有特色的专业化市场的建设对于乡镇经济的发展具有十分重大的意义。一个市场只有真正具有地方特色，才能吸引更多的人，创造更大的经济价值。但是，它的建设也不能脱离其区域基础，因此应该慎重考虑，在综合比较后注意发挥区域优势，加强建设有特色的专业化乡镇农贸市场。

9. 政府帮市场搭建网上交易平台

农副产品通过互联网销售，早已不稀奇。目前，仅淘宝网上的农副产品销售量就已非常惊人。然而对于一个拥有多个经营户的农贸市场来说，要把几百上千种不同产品全部搬上网络，并实现和消费者之间的对接，是一项庞大的系统工程。有关部门可以帮市场搭建网上交易平台。贵州等地就实施得很不错，将当地的果菜、农副土特产品远销海内外。

分研究

鱼洞大江农贸市场发展研究

谭鹏　麦钰婷①

前言

　　农贸市场是指用于销售蔬菜、瓜果、水产品、禽蛋、肉类、粮油、豆制品、熟食、调味品、土特产等各类农产品和食品的以零售经营为主的场所。

　　随着消费习惯和生活方式的转变，经济发达地区或城市的传统农贸市场将逐步退出历史舞台。目前，深圳、广州、上海等地区在城市商业发展规划中已不再规划新的农贸市场，而以其他新型业态取而代之。虽然在一定的时间内，农贸市场在城市里仍将发挥重要作用，且在城镇、市郊等区域仍将发挥主导作用，但从长远来看，农贸市场升级、转型，甚至退出历史舞台是不可避免的。目前农贸市场发展还存在较多问题，基于此背景，我们于 2015 年 3 月对巴南区鱼洞大江农贸市场的经营情况进行了调查研究，并且提出了一些对策与建议。

一、市场基本情况描述

市场名称：大江综合市场

市场详细地址：巴南区鱼洞镇石洋街 97 号附 9 号

类型：室内市场

占地面积：3 000 平方米

实际经营面积：1 800 平方米

拥有固定摊位数：180 个

---

① 作者谭鹏、麦钰婷均系重庆工商大学 2012 级贸经专业学生。

门面数：28 个

经营摊位数：158 个

经营户数：132 户

市场从业人员数：225 人

无固定摊位临时摊贩数：17～20 人

二、市场环境描述

1. 内部环境

（1）市场基础设施。

巴南区大江综合市场是 2003 年开业、由"重庆家家旺物业有限公司"经营管理的一个民营农贸市场，至今已有 12 年的历史。自建成开业至今，只翻新过一次，而且还是在 5 年前，也就是说近 3 年市场内部的基础设施没有翻新过。室内设施陈旧，摊位除了上面贴了瓷砖还比较干净，其他各面都已经粘上了很多污垢。室内灯光不够明亮，整个市场内部比较阴暗。

（2）商品分区。

市场的商品分布在 13 个区，分别是鲜肉、蔬菜、活禽、水产、蔬菜自销、粮油、干副及调味品等区。从②号门进入市场，右边是蔬菜 D、C、B 区，以及鲜肉 A 区和蔬菜自销区，左边是蔬菜 E 区、冰冻 F 区、豆制品 G 区、粮食制品 H 区。活禽、水产、粮油、干副及调味品分布在市场四周的各个门面里。市场的结构布局如图 1 所示。

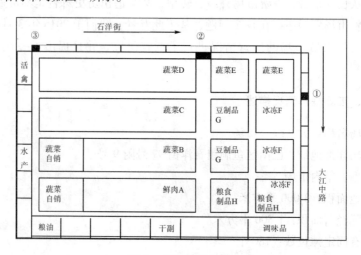

图 1　市场结构布局

（3）通道设置。

市场内有9条通道，其中包括1条主通道、8条副通道。通道空间足够大，比较宽敞，2~4人可以并排通过。市场采用5横4纵的设计，弯道均为直角，能有效疏导人流，设置比较合理。出入口总共3个，①号出入口正对大江中路，消费者大多由此门进出，客流多时比较拥挤，设置不合理，②、③号出入口正对石洋街。

（4）市场卫生状况。

市场内部地面潮湿，污垢较多，卫生状况不好。豆制品G区的摊位普遍潮湿、不通风，活禽区常有臭味，水产区腥味较重，而且地面有积水。墙皮多有脱落，没有天花板，设施陈旧，多年没有翻新，偶尔会集中做市场内部清洁，但是并不彻底，所以整体卫生状况不好。

2. 周边环境

市场周边环境如图2所示。

图2　市场周边环境

（1）道路交通。

大江农贸市场位于巴南区鱼洞镇石洋街97号附9号，有石洋街和大江中路两条道路，有大江中路站的190路，石洋街站的192、193路公交车，交通很便利。缺陷是以市场为中心方圆500米内没有停车场，所以对于驾车前来的顾客来说，停车很不方便。

（2）周围商业、居民和其他设施。

市场周围有餐饮洗浴、娱乐休闲、教育、医疗等设施，以及诊所、药房、银行、酒店、电器、连锁超市、批发部、百货生活用品店等多种经营业态。此外，还有位于大江中路另一侧的大江商业广场、大江中学和小学，所以周围的产业业态很丰富。

周边的居民楼主要有黄溪街的锦上花、莲花街的玉豪龙庭，此外大江农贸市场周围的石洋街和大江中路都分布着 4~6 个小区，据相关资料，周围居住人口约为 11 万人。

三、市场经营状况描述

1. 经营分区情况

市场内经营的商品分为 9 大类，分别是鲜肉、蔬菜、冰冻品、豆制品、粮食制品、活禽、水产、粮油、干副及调味品，分布在 13 个区，分别是鲜肉 A 区、蔬菜 B 区、蔬菜 C 区、蔬菜 D 区、蔬菜 E 区、冰冻 F 区、豆制品 G 区、粮食制品 H 区、活禽区、水产区、蔬菜自销区、粮油区、干副及调味品区。

经营鲜肉的只有 1 个区，以猪肉居多，也有部分羊肉、牛肉。经营蔬菜的最多，有 4 个区，B、C、D 区主要经营的是时蔬、大棚蔬菜（消费者称为"车货"，意为用卡车大批量运输来的蔬菜，多为大棚蔬菜），蔬菜自营区则是一些特色农产品（当地农户自己种植，然后运送到市场来售卖）。冰冻区主要是需要冰冻的肉类制品以及其他食品。豆制品是指豆腐、豆粉、豆芽等由豆类制成的农产品。粮食制品较少，粮油、干副及调味品是分布在门面里经营的，种类多而杂，以批发和零售为主。活禽区与水产区相邻，提供屠宰服务，主要经营的是鸡鸭鱼等。

2. 种类及其结构

市场的经营种类及结构如表 1 所示。

表 1　　　　　经营种类及结构（表中摊位数包括门面数）

	鲜肉	蔬菜	冰冻品	豆制品	粮食制品	水产	活禽	粮油	干副及调味品	合计
摊位（个）	40	116	10	8	6	3	3	12	10	208
经营摊位（个）	39	68	10	8	6	3	2	12	10	158
经营户（户）	32	51	9	8	6	3	2	11	10	132
从业人员（人）	58	85	14	13	8	8	5	18	16	225

资料来源：依据调研资料整理。

市场经营摊位数百分比、经营户数百分比、从业人员数百分比分别如图3、图4、图5所示。

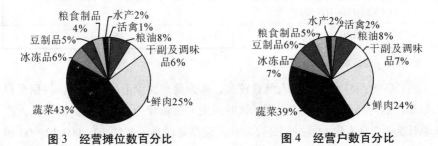

图3　经营摊位数百分比　　　　图4　经营户数百分比

图5　从业人员数百分比

图3、图4、图5资料来源：根据调研数据整理绘制。

3. 顾客调查

（1）人流量调查。

大江农贸市场开始营业的时间是5点30分（5点30分经营者开始工作），18点30分关门。2015年3月7日，本调研团队前往该市场调研，考虑到数据的代表性和调研的高效性，特选定5个时间段作为统计人流量的时间段，并以当日数据为参考。表2是当日人流量统计（到市场时已经快9点了，刚好赶上人流量高峰期）。

表2　　　　　　　　　　　　人流量统计

单位：人

时间段	人数（精确到十位）
9：00～10：00	140
10：00～12：00	300
12：00～15：00	80

时间段	人数（精确到十位）
15：00~16：00	90
16：00~18：30	360

资料来源：根据现场调研数据整理。

5：30~9：00时间段的人流量较多，多为商户和少量的消费者，根据商户人数和我们对经营者的采访咨询，该时间段人流量计为230人次，而当日人流量总计为1 200人次。通过表2可知，人流高峰段是上午的10：00~12：00和下午的16：00~18：30，人流量分别达300人次和360人次。

（2）买菜频率。

我们在整个调研过程中对40名不同年龄的消费者进行了随机问卷调查，统计出如下关于买菜频率的数据，见表3。

表3　　　　　　　　　　买菜频率

频率（次/周）	人数（人）
1~2	13
3~4	19
5~7	8

资料来源：根据现场调研资料整理。

由表3可知，每周买菜1~2次的有13人，3~4次的有19人，5~7次的有8人，大部分人的买菜频率是每周3~4次。

（3）消费者市场满意度调查。

我们从市场的基础设施、环境卫生、外围马路状况、商品价格、商品质量、管理服务等6个方面对40名消费者进行了满意度调查，调查结果如表4所示。

表4　　　　　　消费者满意度（以百分比表示满意程度）

单位：人

	非常满意	比较满意	一般	不满意	很不满意	不满意占比
基础设施	0	4	23	11	2	28%
环境卫生	0	2	12	21	5	53%
外围马路状况	0	2	23	11	4	28%

表4(续)

	非常满意	比较满意	一般	不满意	很不满意	不满意占比
商品价格	0	14	22	4	0	10%
商品质量	0	13	24	3	0	8%
管理服务	0	5	13	20	2	50%

资料来源：根据实地调查问卷数据整理。

消费者对市场的整体满意度如图6所示。由图6可知，有49%的人觉得该市场一般，占了近半数；有29%的人不满意；只有17%的人觉得比较满意，其中对商品质量和价格比较满意的占了绝大部分；5%的人感到非常不满意；没有人表示非常满意。

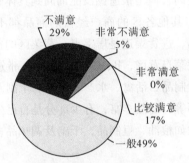

图6 消费者整体满意度

资料来源：根据调研数据整理。

通过表4可以看出，对价格、质量不满意的人占10%和8%，对外围马路状况、基础设施不满意的占28%。但是，对管理服务、环境卫生不满意的分别占50%和53%，达到了一半。

（4）消费者选择农贸市场的理由。

①距离近。居住在附近的居民，几分钟就能步行到达。

②交通方便。三个出入口分别在大江中路和石洋街，非常方便。

③商品相对超市要新鲜，尤其是蔬菜类农产品。超市的蔬菜是从外地运送过来的，有添加保鲜剂、生长药物等，消费者宁愿"买贵的，也不买烂的"，在质量方面偏向于蔬菜的新鲜度。

④部分商品相对便宜。市场内有蔬菜自营商品，而且可以讲价，超市里经营的商品基本都是"车货"，不可以讲价，自营商品相对来说比超市里的同类商品要便宜，消费者购物体验更自由。

4. 经营户调查

调查中，我们对每个大类商品都抽取了一名经营户进行调查采访，并且通过该名经营户询问同类其他经营户的情况，一共收集到了 16 个经营户的信息，整理出如下结果（由于经营户不愿透露具体的数字信息，所以以下数据是近似估计数值，仅供参考）：

（1）有 11 个经营户在大江农贸市场经营的时间超过 8 年，4 个经营户的经营时间在 5~8 年，只有 1 个经营户是近 3 年才入驻大江农贸市场的。

（2）摊位的租金是与摊位的位置相关的，靠近入口和主通道的摊位每个 400 元/月，其他普通位置上的摊位每个 300 元/月，而较偏的摊位则可能更便宜，但也不低于 200 元/月。门面的租金视门面大小而定，每个 2 500~4 000 元/月不等，门口的租金会更高，但是很遗憾没能询问到具体数据。

（3）除了鲜肉区，其他各区的商户经营的商品都不止一种。鲜肉区的每个商户只经营一种商品，进货渠道是屠宰点；蔬菜区的每个经营户会经营 4~9 种不同的蔬菜，除了蔬菜自营区，B、C、D、E 区大部分都是经营的"车货"；冰冻品、豆制品、粮食制品、活禽、水产、粮油、干副及调味品的种类就更多了，从几种到数十种不等，商品丰富，有少部分是自己生产的，大多数是从批发市场批发回来的，比如粮油、豆制品，干副及调味品多数是从生产厂家批发回市场售卖的。

5. 管理调查

（1）农贸市场建设情况。

大江农贸市场是由"重庆家家旺物业有限公司"管理的民营市场，建于 2003 年，整个市场占地 3 000 平方米，实际经营面积 1 800 平方米。市场在 2007 年翻新过一次，主要更改了摊位的布置，对地面、墙体进行了重新装饰，但是至今为止规模都没有扩大，而且还有相当部分的摊位没有租出去（由表 1 可得租率约为 76%）。

2012 年和 2013 年，大江农贸市场的年销售额均为 300 万元，而作为一个经营面积将近 2 000 平方米的有着超过十年历史的农贸市场，年销售额才 300 万元确实显得有些弱势。不过，大江农贸市场依然能够提供 225 个工作岗位，每年缴纳一定的税负，这也是对社会有积极作用的。大江农贸市场固然存在许多问题，但是它对于附近居民的作用是不言而喻的，近十万居民要靠它解决吃饭问题。

（2）管理人员看法。

调研中，我们有幸采访到了一名刚下班的管理人员，这位管理人员客观地表达了他对大江农贸市场的一些看法：

①市场基础设施有些陈旧，已经有5年时间没有进行翻新了。虽然会定期做清洁工作，但是污垢还是会越积越多。建议每星期集体做一次清洁工作，每两年翻新一次，期间设施出现问题要及时维护。

②市场内商品分区不合理，比如活禽和水产就不应该靠得太近，活禽有臭味且需要干燥的环境，水产则带有浓浓的腥味且易将地面弄湿。建议重新合理地对商品的摊位进行布局，布局原则上应该以市场环境卫生和经营秩序为首要，商户经营为次要，最好能两全其美。

③市场外围的道路管理不规范，占道经营情况严重，虽然其有存在的必然性，但是占道经营毕竟对道路交通造成了影响。建议规范市场周围道路秩序，加强监管，有固定摊位的经营户，严禁将摊位移到市场外经营，只能在市场内经营；没固定摊位的经营户可以到集市或者专门的露天市场去经营，以免破坏道路秩序。

④市场管理者没尽职尽责，管理不力，不论是对市场秩序的维护还是市场设施的优化都未能体现出应有的作用。建议制定农贸市场经营秩序管理条例，明文公示，对影响公共秩序的经营者进行一定的处罚，也可以对能促进市场发展的行为进行奖励和鼓励。另外管理单位中的每一个人，从领导到每个市场管理人员都要严于律己、奉公执法。

四、市场的优劣势和问题分析

1. 优势和积极意义

（1）市场的优势。

①区位优势。大江农贸市场位于石洋街和大江中路的夹角处，处于大江工业园区，交通便利，配送货物方便快捷。

②周围产业业态丰富。大江农贸市场周围有商场、诊所、药房、银行、酒店、电器、连锁超市、批发部以及百货和生活用品店等业态。大江中学和小学位于大江中大道，也是临近的教育设施。

③潜在消费者优势。整个大江工业园区、石洋街路段、大江中路路段的附近居民数量达10万人，目标顾客人群很大，有大量潜在的消费者。

④知名度优势。大江农贸市场建立至今已经有12年了，消费者对其经营商品的质量和价格满意度较高，其在消费者的印象中是有一定认可度的。

（2）市场的社会效益。

①方便居民生活。农贸市场每天都为附近的居民提供日常生活所需的

商品。

②促进乡镇商品流通。农贸市场集中经营农产品，加快其流通速率，提高交易效率，对统筹城乡有很大的促进作用。

③增加就业。根据调查结果可知，大江农贸市场有从业人员 225 名，也就是为社会提供了 225 个工作岗位，对改善人民生活条件、增加就业等有一定的帮助。

④增加税收。增加税收就可以增加国家财政收入，国家就有更多的资金用于民生工程建设。

2. 劣势和存在的问题

（1）市场的劣势。

①环境卫生不好。在顾客满意度调查中，有 53% 的人表示不满意环境卫生状况。具体包括：市场内部通风不好，异味排不出去；光线不够明亮；地面潮湿，污水垃圾清理不及时；墙面粗糙，有的墙皮都已脱落；摊位不够干净整洁，未出租的摊位用来堆放杂物等。

②管理服务不到位。市场内部很少有市场管理人员值勤，没有维持市场经营秩序的专门管理人员，没有正式的市场经营管理条例。

③基础设施陈旧。市场建立至今已营业了 12 年，之前翻新过一次，但维护频率太低，以至于目前市场内部的设施很陈旧，有的已经破损，消费者也不满意。

④外围占道经营情况严重。大江中路与石洋街均存在大量占道经营情况。经营者半数为无固定摊位的当地农民，贩卖自己种植的农产品，另外还有市场内部的经营者将摊位移出来，占道经营。

（2）市场存在的问题。

大江农贸市场经营情况不好，"买的人不想进去买，卖的人不想在里面卖"。主要问题体现在以下四个方面：

第一，出租率不高，市场内部摊位及门面出租率为 76%，这一数据不算高。

第二，人流量少，日均人流量只有 1 200 人次，高峰期也只有 300~360 人次。

第三，顾客满意度较低，只有 17% 的人比较满意，有 29% 的人不满意，有 5% 的人非常不满意。

第四，市场管理者未尽职。市场管理者对市场经营的秩序管理不到位，对市场设施的维护不到位，造成经营者和消费者都不满意。

五、关于进一步改进市场的建议

1. 重视经营环境的改善

（1）有完善的上、下水设施。水产区、牲畜区、熟食区有自来水龙头，有洗槽和下水道，地面平整。经销活禽的区域有固定的金属笼架和水冲式设施，以保持卫生整洁。农贸市场的冷藏设备符合卫生要求。

（2）市场应配备果壳箱、垃圾桶等卫生设施。市场经营性垃圾全部实行袋装化、桶装化，垃圾袋装率达100%，并做到日产日清。

（3）实行全日制保洁制度。地面、摊位整洁，无乱扔杂物、垃圾的现象发生。下水道畅通，定时冲洗。排水沟内清洁，无积存淤泥、污物。

2. 提高管理服务质量

（1）市场划行归市，合理布局，亮证（牌）经营，明码标价，分类设摊。无摊外摊、场外摊，确保文明经营，秩序良好。

（2）按市场规模配备卫生管理人员，管理人员须佩戴统一标志，文明管理，开展经常性卫生检查评比活动。

（3）引进"市场通"，让市民放心消费。市民可以通过这个平台，了解各售货摊及入场产品的来源、营业执照以及摊主个人资料等，让市民买得放心、吃得放心。

3. 重视市场基础设施的维修

（1）对市场基础设施进行定期检查，及时修复破损处，维护公共设施。

（2）建议每两年翻新一次墙体和摊位侧面，每五年更新水电设施，视情况翻新地面瓷砖等。

4. 加强对外围占道经营的管理

（1）市场管理者与"城管"配合，共同维持市场外围道路状况良好，不影响交通；严格按照惯例条例进行经营秩序维护。

（2）努力建设好市场内部环境，鼓励和引导经营者进入市场内经营，将市场规范化。

（3）对于不愿进入市场内经营的商贩，可以将其集中到露天市场、集市进行经营活动。

5. 政府应加大扶持力度

（1）引起高度重视。通过各种渠道与形式，广泛宣传，提高领导干部和广大市民对发展农贸市场与标准化改造的重大意义的认识。农贸市场发展与标准化改造是搞活流通、扩大消费的重要措施，通过搞活流通、促进消费来扩大内需，保持经济平稳较快增长。农贸市场也是解决"三农"问题和解决农民工就业的有效途径。

（2）确保资金投入。建立投入机制，解决农贸市场改造资金问题。农贸市场不仅具有一定的社会性，还具有很强的公益性。农贸市场改造的首要难题是资金，列出部分资金作为农贸市场改造的专项资金，专款专用。政府在投入资金的同时，也能带动市场开办单位和其他社会资金的投入。市场产权单位必须定期进行场内设施及设备的维护。

参考文献

［1］小米. 农产品消费渠道之农贸市场篇 ［J］. 新农业，2015（4）：6-7.

［2］刘京. 我国绿色市场的建设与管理 ［J］. 经济管理，2013（3）：162-172.

［3］张英，刘俏. 流通领域农产品质量安全对策研究 ［J］. 知识经济，2015（8）：88.

［4］杨翠红，潘爱萍，谷修萍，高代宏. 农贸市场活禽禽流感防控做法与建议 ［J］. 农业开发与装备，2014（11）：143.

［5］易兰华. 我国农产品流通渠道模式分析 ［J］. 合作经济与科技，2015（3）：5-8.

渝北龙兴镇农贸市场发展研究

张小琴　张开颖　巫玲珍①

前言

农贸市场自古以来就一直存在，古代的农贸市场被称为"集市"。我国现在的农贸市场起源于改革开放初期，是指在城乡设立的可以进行自由买卖农副产品的市场。它具有明显的经济属性，且作为城乡居民"菜篮子"商品供应的主要场所，它也具有社会性和很强的公益性。农贸市场给城乡居民生活带来了极大的便利。但随着改革开放以来我国经济的高速发展和人民生活水平的提高，人们对食品安全、环境卫生以及生活质量的期望也在不断提高，传统农贸市场由于没有明确的长远规划，只能依靠市场进行自我调节，这就导致现有的存在"脏、乱、差"等问题的农贸市场不再能够满足人们的要求。因此，农贸市场的改变势在必行。本小组于2015年3月15日对重庆市渝北区龙兴镇农贸市场进行了调查研究，分析了其发展状况及存在的问题，并提出了对策与建议。

一、乡镇农贸市场概述

1. 定义

农贸市场是指用于销售蔬菜、瓜果、水产品、禽蛋、肉类、豆制品、熟食、调味品、土特产等各类农产品和食品的以零售经营为主的固定场所。

---

① 作者张小琴系重庆工商大学2012级贸经2班学生；张开颖系重庆工商大学2012级贸经1班学生；巫玲珍系重庆工商大学2012级贸经1班学生。

2. 特点

（1）公共性。农贸市场作为城乡居民"菜篮子"商品供应的主要场所，具有社会性和很强的公益性。农贸市场长期融于百姓生活中，提供的服务具有公共性。

（2）可替代性弱。农贸市场功能可替代性弱，其对于居民生活十分重要。农贸市场不仅是市民生活中不可或缺的场所，而且逛农贸市场已成为人们的一种生活方式。就其交易内容来说，农贸市场为居民提供日常食品需求，满足居民的一日三餐；就其交易的方式来说，其农产品的新鲜、购买方便和价格便宜深受居民认可。即便现在城市里已经有众多综合性超市，提供蔬菜、禽肉等农产品销售服务，还有一些专业性生鲜超市或是蔬菜连锁店、个体蔬菜小店等新型农产品经营场所，但其因价格或市场品种丰富程度等因素，还是无法取代农贸市场在市民生活中的地位。对于城乡居民来说，农贸市场依然是农产品从农田到餐桌流程中最便捷、最经济、最实惠的平台。

（3）微利经营。农贸市场主要是靠获取租金盈利，基本上是微利经营。农贸市场的经营模式主要是市场主办者通过投资兴建或上缴一定的土地房产租借费或承包费获取经营权，以收取经营户摊位费（包括少量的门面租金）来获取收入，摊位费再通过经营户成本最终传导到菜价上，形成租借链、成本链。因此，摊位费越高，场内菜价就会越高，而菜价高度又受到综合性超市菜价的制约。从某种程度上讲，露天或设施简陋的市场，人气反而较旺，这主要基于成本较低、蔬菜价格较低，这就决定了农贸市场是微利经营。

3. 影响因素

（1）区位及交通。市场的地理位置决定了它所服务人群的多少，且人口的密度与市场的效益是成正比的。交通条件优越与否决定了农贸市场的发展，便利的交通可以促进商品的流动，商品的流通程度较高将促进农贸市场的发展。

（2）市场本身规模。调查中我们发现，除非是超大型的农产品交易中心，否则，市场的规模和经营面积越大，它的经济效益就越不好。农贸市场的规模在 1 500~2 000 平方米时，出租位率越高，经济效益越好。

（3）市场的经营体制决定了其顾客群体。采用传统市场的形式还是生鲜超市的形式来进行经营会在一定程度上影响农贸市场的使用。通常情况下，农贸市场采用的经营模式更为自由，商户都是独立的个体，各自经营，自负盈亏，经营方式更加灵活多变。而对于超市来说，其定价是一致的，只有一种单一的经营方式，但是超市的环境好，经营更加规范。可以说这两种经营体制各有优点，选择哪一种模式取决于摊主的个人喜好和资本的多少。

（4）环境。每个人都会追求美的感受，对美好环境的向往和对糟糕环境的厌恶是人的本能。一个环境干净整洁的农贸市场和一个垃圾遍地的农贸市场相比，即使环境好的农贸市场路途较远，还是有许多消费者愿意舍近求远。除此之外，干净整洁的农贸市场对提高城市的整体环境质量也会有更多的促进作用。

4. 农贸市场优缺点

（1）优点。农贸市场作为城市居民生活的"菜篮子"，为居民的日常生活提供了极大的便利。农贸市场相比超市具有商品品种丰富、价格便宜、可讨价还价、购买方便等优势，也无须再像在超市那样排队等待结账。

（2）缺点。由于市场准入制度的缺乏，农贸市场食品安全卫生得不到保障。一般农贸市场设施比较简陋，环境卫生相比超市来说比较差。由于农贸市场主体诚信意识比较薄弱，相关部门很难对他们实施有效的管理，尤其在征税方面，偷税漏税现象比较严重，商贩缺斤少两的现象也比较普遍，损害了消费者的利益。

5. 农贸市场发展趋势

从 20 世纪 80 年代开始，农贸市场就成为城镇居民购买生鲜食品的主要场所。然而随着城市化的发展，人们的收入水平不断提高，对生鲜的消费需求呈现出多元化、层次化的趋势，人们对购物环境、经营品种、质量安全、服务水平等方面有了更高的要求。生鲜超市作为新兴的零售方式，能够较好地满足人们的要求，因此，"农改超"是传统农贸市场发展的必然趋势。

二、龙兴农贸市场概况

1. 市场环境描述

（1）内部环境。总的来说，龙兴镇农贸市场经过 2008 年的改造，市场设施尚可，虽然也存在个别设施陈旧的现象，但是大体上都能满足需要。在市场布局方面，摊位布局较合理，市场经营商品有分区，但是由于受场地的限制，农贸市场缺少卖水果的摊位；通道设施入口较宽，但深入市场，内部通道设置逐渐变窄，在高峰时期，人流分散力度不够，容易产生拥堵现象。尽管如此，该市场仍旧拥有良好的卫生条件，周围环境大体上整洁。市场内部环境如图 1 所示。

图1 市场内部环境

（2）外部环境。一个地方的经营，必然少不了交通的支持。该市场处于居民楼栋中央，邻近有三条道路：两条交通路线（龙兴到安置房和韵家园居民区道路，龙兴镇到鱼嘴镇道路）；一条步行街，在农贸市场门口处，来往人员比较多，并且道路旁有停车区域供居民停车。另外周边有重庆三峡迁移改造市场、渝北区龙兴古镇旅游景点、重庆两江新区两江影视城、两江新区龙湾公园等大众休闲娱乐地。除了本地的街道居民区以外，还有龙兴镇安置房和韵家园小区、龙兴镇附近正在施工建设的工地活动板房区，以及已经入驻的各种企业工厂，常住人口数5.6万人左右。该市场长期以来给当地居民以及外来务工人员提供了基本生活消费服务。该市场地理位置如图2所示。

图2 地理位置

2. 市场经营状况

（1）市场经营分区。

总的来说，该农贸市场经营蔬菜类商品的有 15 户，肉类 21 户，水产 2 户，家禽 3 户，剩下的为粮油、干副食品及熟食、日杂，除此之外还包括流动性贩卖商品的蔬菜摊位等；纵观整个市场的经营分区，虽然在经营户数上肉类相对较多，但是经营者在日常生活中提供品种最多的是蔬菜类，大概有 50% 的交易是关于蔬菜的。销售具有目的性，切合顾客购买欲望，在整个市场从业人员中，较多的是进行蔬菜的售卖，市场蔬菜供应充足，肉类供应合理，杂类品种齐全，居民有较多的选择余地。市场经营类型占比如图 3 所示。

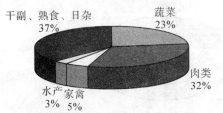

图 3　市场经营类型占比

资料来源：根据实地走访调研数据整理。

（2）市场顾客调查。

根据龙兴镇农贸市场地理区位分析，龙兴镇本身处在重庆市两江新区正在开发的地带，是毗邻附近乡镇的一个较大的农贸市场。除去本地的常住居民外，近几年外来务工人员也不断地增加，顾客的需求量也随着增加，给市场提供了深层次的发展机遇（农贸市场顾客来源及其比例如表 1、图 4 所示。）。在顾客方面，消费者大多在早上进行商品的购买，早上 7 时至上午 11 时为客流高峰期，顾客流量为 2 000~3 000 人次，特别是在春节期间最高可达 4 000 人次（农贸市场月客流量折现图如图 5 所示）。按照人们的日常生活习惯，常住居民选择每天一次进行新鲜食物的采购，企业、工厂的食堂也每天进行采购，而离龙兴镇较远的消费者，如邻镇的顾客，会选择 2~3 天进行一次大采购，延续着农村赶集的传统。商品市场给顾客提供服务，也就少不了顾客对市场的评价。虽然市场并不是规划整齐、秩序有条不紊，但是却有较高的顾客满意度，市场管理人员也尽职尽责，每天调配好整体市场的经营格局。顾客选择在农贸市场买菜不仅仅是因为市场食物新鲜、品种齐全，还因为市场本身地理位置优越、辐射范围广、竞争对手少、采购方便。并且比起在超市买菜，大多数消费者认为他们更加钟爱农贸市场的新鲜度、优惠的价格。

表 1   农贸市场顾客来源表

顾客	来源
常住居民	龙兴镇居民、和韵家园安置房居民
流动人员	建筑工人、工厂工人
周围城镇往来人员	复盛居民、鱼嘴居民、五宝居民等

资料来源：根据实地走访调研数据整理。

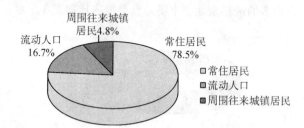

图 4　农贸市场顾客来源比例

资料来源：根据实地走访调研数据整理。

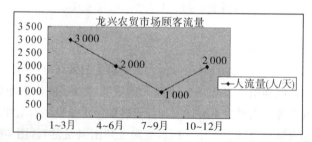

图 5　农贸市场月客流量折现图

资料来源：根据实地走访调研数据整理。

（3）典型经营户调查。

典型经营户调查数据如表 2 所示。

表 2   典型经营户调查数据

	蔬菜类	门面 （日杂、干货）	肉类
从业时间（年）	20~30	10~20	10~20
市场经营时间（小时）	12	10	10

表2(续)

	蔬菜类	门面 （日杂、干货）	肉类
租金（元/年）	2 000~3 000	40 000~50 000	3 000~5 000
经营品种（种）	10~20	40~50	4~5
进货渠道	自家种植、 江津双福	江津双福	唐家沱肉市
经营状况满意度	满意	满意	满意
市场环境满意度	满意	满意	较满意

资料来源：根据实地走访调研数据整理。

不同经营类型的平均从业时间、经营时间及平均经营的品种如图6所示。

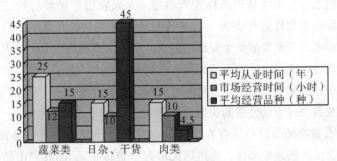

图6　不同经营类型的平均从业时间、经营时间及平均经营的品种
资料来源：根据实地走访调研数据整理。

通过对典型经营商户的调查，我们不难发现，该市场的管理、租金等方面可以满足经营者的需求，不会过分地给经营者增加压力。经营者对市场的经营情况、市场环境有着较高的满意度，市场给广大经营者提供了好的经营平台，并且也给消费者带来了实惠。

（4）市场管理调查。

从建立之初到现在，重庆市渝北区龙兴镇农贸市场总共进行了三次大的改造，分别在1987年、1998年、2008年，并且市场物业的归属也经历了从工商局到区政府再到商委的转变，成为国有企业。该市场作为龙兴镇第一大市场，也是唯一一个大的农贸市场，给当地居民、外来人员提供了方便，基本上能够满足当前顾客的需要，但随着两江新区的建设发展，该市场需要重新规划、改造，以更好地为居民服务。对此，市场管理员也表示，他们有意愿重新调整市场未来发展计划，但由于种种不确定的原因，该市场的具体改造计划还没有出台，但为了迎合龙兴镇地区的发展态势，该市场有巨大的发展机会。在经营成效方面，当前市场的年经营额为 3 000~4 000 万元，总的来说，随着社会的不断进步，市场的增长率在逐年提高，为进一步满足顾客的消费需求提供了增值空间。另外，市场不仅推动了当地的消费，还解决了当地一部分居民的基本就业问题，并且由于自去年以来农副产品不再征税，提高了经营者利润，经营者可以更好地给消费者提供价格适宜、品种多样的产品，促进了当地农贸市场的发展。

三、龙兴农贸市场存在的问题及分析

1. 内部问题

（1）基础设施简陋，发展严重滞后。龙兴农贸市场始建于 20 世纪 80 年代，建设起点低，市场基础条件先天不足。龙兴农贸市场经历过三次大的改造，其最后一次大改造在 2008 年，距今已经有好几年的光景了，但其至今仍然是大棚形式，可见发展是十分缓慢的。并且农贸市场的安全通道内没有配齐消防安全设备，市场内的安全通道没有达到规定要求，甚至过道、安全通道两旁货物堆积，致使通道变窄且显得脏乱无序，影响市场的整体形象，这些都严重阻碍了龙兴农贸市场经济的快速发展。

（2）农贸市场经营环境存在诸多问题，场内经营者缺乏市场经济知识。由于龙兴农贸市场地处郊区，周边居民多为"农转非"，而农贸市场内绝大部分的经营者都是附近的居民，虽然他们做农贸有二三十年了，但是他们很多都是中老年人，缺乏市场经济知识，有的只是传统的卖菜经验。另外，农贸市场规划不合理，浪费了空间。现在的农贸市场三面都是居民楼，并且缺少大门，当遇上赶集或是春节等人多的时候，现有的门就会十分拥堵，并且它的进货通道十分窄小，进货通道两边还有路边摊位经营，而农贸市场又有大概 1 000 平方米的空地闲置未利用，这些都是布局不合理的表现。

（3）政府对农贸市场建设的公共服务供给不足。龙兴农贸市场本是划分在两江新区范围内的，由于近两年两江新区发展放缓，农贸市场的升级改造就被搁置下来了。政府想加快城市化进程，改造落后的农贸市场，但却没有投入资金，这就是典型的政府的管理目标要求提升而公共投入没有跟上。同时，农产品的准入制度也不完善。就我们调研的情况来看，由于经营者大多为附近居民，他们的进货渠道除了江津双福国际农贸城，就是自家的蔬菜，这就导致农残等安全问题没有解决。

2. 外部问题

（1）政府管理缺失，各部门职责不明确，导致农贸市场秩序混乱、管理人员缺乏。根据我们的调查，龙兴农贸市场从 20 世纪 80 年代建立起，就只有一位管理人员进行所有的市场管理工作，工作量大而管理人员缺乏是目前龙兴农贸市场面临的一大难题。

（2）营业面积太小。龙兴农贸市场占地面积约 3 300 平方米，建筑面积约 2 800 平方米，其摊位和通道略显窄小。在从事将近 30 年的管理工作时间里，负责人对农贸市场的各项事宜都很清楚，他也明确地指出，龙兴农贸市场目前存在的最大问题就是营业面积太小，这就会导致摊贩乱摆摊位、市场秩序混乱等问题，龙兴农贸市场缺乏水果经营以及极少水产经营也是受此影响。但农贸市场本身由于受凹形地形和被三面居民区围绕的影响，很难实现面积扩展。唯一的扩展空间是农贸市场留有的 1 000 平方米空闲地，但也因得不到政府的资金支持而无法利用。

（3）马路市场过多。由于市场面积过小、经营品种不能满足消费者的多种需求，农贸市场周围出现了很多水果马路市场，菜农在马路边乱摆放摊位。马路市场首先会给农贸市场的交通带来不便，导致市场秩序的混乱，还会造成周围马路交通拥堵。龙兴农贸市场正入口的左侧就因此形成了一个水果马路市场，加上本身马路比较窄小，这个马路市场经常会导致马路交通拥堵。由于龙兴农贸市场正门入口是步行街，机动车辆无法进入，市场经营者只能通过夹在两栋居民楼之间的小道进行产品的贩卖，但通往这个入口的马路也被小菜农占据，这就导致入口外的马路在早晨进货时段非常拥堵。

四、龙兴农贸市场的发展对策

1. 内部问题改善对策

（1）功能升级，环境改善。完善龙兴农贸市场的各项功能，使其成为创新型、综合性的农贸市场。农贸市场的发展是一个城市发展的重要组成部分，也是一个城市商业网点建设的主要内容之一。因此，政府应该制订一个严密的方案，对龙兴农贸市场进行整顿和改造。有关部门应该根据《农产品批发交易市场改造建设规划方案》和《农贸市场建设标准》，重点对龙兴农贸市场基础设施、货位管理、卫生保洁等方面进行整顿，做好市场改造升级工作。

（2）加强经营者的素质培训。农贸市场的管理人员应加强经营户们对市场经济、市场制度的认识，从而提高经营效率，增加收入。农贸市场的改造是势在必行的，包括对混乱的货位布局和不完善的经营管理的改造。龙兴农贸市场直属区政府管理，区政府应该提供必要的建设扶持资金，完善农贸市场的硬件设施，修建一个宽敞的大门和进货通道，并对现有的摊位进行规范管理。如果可以的话，还可以另选位置重建农贸市场，毕竟现在的地理位置不是很好。

（3）建立符合市场规律的运行机制。政府应将农贸市场纳入公共场所管理范畴，推进农贸市场的建设，建立与农贸市场运行规律相适应的运行机制。同时，也要完善农产品准入制度。农贸市场可以建立入场农产品货源管理机制，购买农产品质量安全监测设备，充分保障农产品的安全。

2. 外部问题改善对策

（1）政府应加强管理。农贸市场属于准公共产品，应当由政府和市场共同为社会提供。就农贸市场的利益参与者来看，入场的经营者和消费者是公共场所活动的主体，具体管理涉及政府、市场主办方、场内日常工作人员。因此，要想建立有效的农贸市场管理机制，政府不能以行政手段作为主要路径却不重视经营活动主体自身的管理责任和功能。对于农贸市场内部环境脏乱差的现象，政府部门应该制定相关条例，对乱摆放摊位和乱丢乱放物品的行为进行处罚。

（2）政府应加大基础设施的投入。从调研情况来看，龙兴农贸市场缺少公平秤、规范的销售板台以及足够的垃圾桶等基础设备。政府要在充分尊重社会资源配置的基础上，通过提供公共服务支撑，从外部来承担农贸市场建设管理责任。农贸市场毕竟是薄利的市场，无法承担大型市场建设改造方面的巨额费用，对此，政府应当经过实地考察，确认市场改造的可行性，给予相应的费用支持。

（3）政府税收政策的继续扶持。农贸市场作为城乡居民"菜篮子"商品供应的主要场所，具有社会性和很强的公益性。再加上农贸市场的微薄盈利的特点，农贸市场要发展营运得更好、更长远，必定离不开政府的政策支持。2013年，国务院办公厅颁布的有关农产品的管理条例中增加了免征蔬菜流通环节增值税的规定，其中蔬菜是指可作副食的草本、木本植物，经挑选、清洗、切分、晾晒、包装、脱水、冷藏、冷冻等工序加工的蔬菜。2013年1月11日，国务院办公厅下发的《国务院办公厅关于印发降低流通费用提高流通效率综合工作方案的通知》（国办发5号）要求，继续对鲜活农产品实施从生产到消费的全环节低税收政策，将免征蔬菜流通环节增值税政策扩大到部分鲜活肉蛋产品。2014年，国家继续实行生鲜农产品流通环节税费减免政策，这一政策的颁布与实施可以大大降低农贸市场经营主体的营运成本，促进农贸市场的健康发展。

参考文献

[1] 孙涉，张平. 农贸市场的管理构架与文明建设 [J]. 中共南京市委党校学报，2010.

[2] 蒋爱萍. 我国城镇农贸市场发展存在问题与建议 [J]. 企业研究，2011.

璧山区大路街道
天星宝农贸市场发展研究

张洪程[①]

前言

农贸市场自古以来就一直存在，其在古代被称为"集市"。现在我国的农贸市场起源于改革开放初期，是在城乡设立的可以进行自由买卖农副产品的市场。作为城乡居民"菜篮子"商品供应的主要场所，它具有社会性和很强的公益性。农贸市场给城市居民的生活带来了极大的便利，是市场体系中不可缺少的一部分，但随着改革开放以来我国经济的高速发展和人民生活水平的提高，人们对食品安全、环境卫生等的期望也在不断提高，传统农贸市场由于存在"脏、乱、差"等问题，不再能够满足人们的要求。因此，农贸市场的改变势在必行。本小组于 2015 年 5 月 1 日至 3 日对重庆市璧山区大路街道天星宝农贸市场进行了调查研究，分析其发展状况及存在的问题，并提出了对策与建议。

一、市场基本情况

天星宝综合市场始建于 1980 年，位于重庆市璧山区大路街道天福村五社，属于棚盖市场，占地面积约 4 667 平方米，建筑面积约 4 333 平方米，共有摊位 380 个，门面 7 个，经营户数 310 户，市场从业人员 360 人（见表 1）。市场主营农副产品，兼营日用、五金、干副及调味品，绝大多数都是生活必需品，

---

① 作者张洪程系重庆工商大学 2013 级经济学专业 2 班学生。

而且价格比城市商场中的同种商品便宜，适合农村的低消费群体，能够满足他们的消费需求。

表 1 天星宝综合市场基本情况

市场名称	地址	法人代表	类型	占地面积（平方米）	建筑面积（平方米）	摊位数（个）	门面数（个）	经营户数（户）	市场从业人员（个）
重庆市璧山区大路天星宝综合市场	重庆市璧山区大路街道天福村五社	刘明非	棚盖市场	4 667	4 333	380	7	310	360

注：市场类型分为室内、棚盖、露天、占道经营。

资料来源：根据调研资料整理。

二、市场环境

1. 市场内部环境

总体而言，天星宝综合市场内部设施比较陈旧，摊位由石料砌成，有许多明显的磨损痕迹，顶部用塑料大棚遮盖，一定程度上起到了遮风挡雨的作用。在摊位布局上，蔬菜、水果、肉类、水产、家禽、粮油、干副及调味品、日杂等大类分区比较明确，但没有明显的分区指示牌，各大类分布不协调，蔬菜、水果交织在一起，肉类、水产、家禽交织在一起。从市场内部通道看，通道布局不合理，摊位之间紧紧相连，进出不便。整个市场只有一个真正的大门，加之市场内部通道比较狭窄，每逢赶集日，人们一拥而来，进入的人和出去的人对撞，使得整个市场陷入拥挤和混乱的状态。门口路边摊的数量也较多，造成交通拥堵，给人们的生活带来不便。而在环境卫生方面，它同样没能摆脱乡镇农贸市场惯有的脏、乱、差，地上遍布各种蔬菜、肉类、家禽的残渣以及各种垃圾，顶上透明大棚已经变灰，看不见天空，墙体上布满了各种未知的痕迹。市场内部环境如图 1 所示。

图1 市场内部环境

2. 市场周边环境

天星宝综合市场地处渝西门户和"一小时经济圈"外环经济带桥头堡，紧邻重庆主城和璧山城区，距璧山城区12千米，距重庆大学城15千米，距北碚区20千米，距铜梁县城15千米。市场位于大路街道中心地段，民风淳朴，商业经济发达，辐射范围广，交通便利。周边四条支路贯穿整个大路街道，807路公交从该条主干道上经过并设立了站点，使得该市场不仅成为大路街道的农贸市场，也成为周边乡镇的农贸市场。

市场周边配套设施完善，街道卫生院、璧山区大路中学，以及各种服装店、日用品店分布均匀，另有鸿丽金山壹号、双旭雅苑等住宅区环绕四周，市场辐射范围广，辐射人口超3万人。但由于位于主干道，市场附近没有停车场，停车很不方便，唯一的停靠点是主干道两侧路边，对当地交通造成了一定影响。市场周边环境如图2所示。

图2 市场周边环境

三、市场经营状况

1. 市场经营分区

天星宝综合市场经营分区情况如表 2 所示。

表 2 天星宝综合市场经营分区

经营分区	经营摊位（个）	占比（%）	门面数（个）	占比（%）	经营户数（户）	占比（%）	从业人员（人）	占比（%）
蔬菜	161	42.4	0	0	146	47.1	121	43.2
水果	68	17.9	1	14.3	51	16.5	46	16.4
肉类	43	11.3	0	0	31	10	34	12.1
水产	31	8.2	0	0	23	7.4	25	8.9
家禽	27	7.1	0	0	21	6.8	26	9.3
粮油	16	4.2	2	28.6	11	3.5	8	2.9
干副	19	5	3	42.9	15	4.8	11	3.9
日杂	15	3.9	1	14.3	12	3.9	9	3.2

注：表中数据为四舍五入后的结果。

资料来源：根据调研资料整理。

经过走访调查，我们得出了以上数据。从上表数据中我们可以发现，天星宝综合市场经营范围以蔬菜为主，辅以水果、肉类、水产、家禽、粮油、干副和日杂。这里的摊位费为每个摊位每年 6 000~7 000 元，折算下来每个摊位每个月 500~580 元，在乡镇摊贩的承受范围之内。

2. 市场顾客调查

对于市场周边的城镇居民而言，这里是他们每天买菜必来的地方。他们认为这里的蔬菜不仅价格便宜，而且更重要的是质量好、新鲜，这也是他们买菜来这里而不去超市的主要原因之一。而另外一个主要原因则是这里的物品种类齐全，偶尔还能买到真正的农家养的鸡鸭，故对这些居民来说，这个市场的价值比超市大多了。

3. 典型经营户调查

就蔬菜类经营者而言，他们一般在这个市场都有着十年以上的经营时间，每个摊位的年租金为 7 000 元，品种随时令而变化。他们每天的经营时间一般都是从早到晚，而货源则主要来自于附近的蔬菜基地和璧山区的农产品批发市场，它们是最主要的两个进货渠道。当然，也有少数摊贩是把自家种的菜带到市场来卖。

其他大类的经营者也大都有着十年以上的经营时间，都算是这个市场中的老人了。他们的进货渠道同样是璧山区的大型批发市场，但家禽则以自家养的居多，每个摊位的租金同样是每年 7 000 元，门面租金则相对较高，为每年 20 000 元。在他们看来，这是周边乡镇中最大的一个农贸市场，到这里来消费的顾客是非常多的，尤其是每月赶集的日子，日均人流量能达到 2 300 多人次。但他们对于市场的环境和管理并不是很满意，他们认为市场几乎没有尽到管理的义务，而收取的摊位费则较高，市场环境仍然"脏、乱、差"。

4. 市场管理调查

天星宝综合市场始建于 1980 年，至今已有 30 多年的历史，期间经历了五次较为大型的改造，最近也是最大的一次改造是 2009 年的搬迁再造工程，市场由原地址搬迁到了现在的文曲街，现有的所有设施都是在 2009 年新建完工的。跟以前相比，改造后的市场主要是增加了大棚，扩大了市场规模，以便适应人们的消费需求。就营业收入而言，市场 2014 年全年营业额为 346 万元，创造税收接近 20 万元。

四、市场优势

1. 商品优势

农贸市场上销售的商品通常以各类时令蔬菜、水果、肉类、家畜、水产、粮油、副食品等老百姓日常生活中必需的消费品为主，其主要特点就是鲜活。农贸市场中几百个摊位可以从多渠道进货，比如有的摊位是直接从附近的蔬菜基地收购蔬菜，有的又是自己种植蔬菜，有的是从批发市场进货。多渠道带来多种商品，可以满足人们多样化的需求。而超市里的同类商品从蔬菜采摘到净菜上市，时差往往超过 24 小时，蔬菜的新鲜度自然比不过农贸市场，人们自然就更愿意选择去农贸市场了。

2. 价格优势

农贸市场里的商品不需要经过复杂的加工、挑选、包装等工序，经营者都是分散的小商贩，商品收购过来之后可以自己整理，没有劳动力成本，除了缴纳固定数额的税费、摊位费和进货成本外，再没有任何其他较大的支出，再加上天星宝农贸市场临近蔬菜基地，运输费用低，因此其价格相对较低。通常来说，超市所经营产品的成本包括超市本身的租金或建设费用、税金、管理费用、人员工资等，还有采购的成本、运输费用、储藏费用、加工整理包装费用、蔬菜损耗等，其总成本较高，必然会造成商品的价格高于农贸市场同类商品的价格。

3. 时间和空间优势

超市营业时间普遍没有农贸市场早，天星宝农贸市场早上 5：30 开张，而超市的开门时间一般都在早上的 8~9 点，让农村一些习惯于早上买菜的中老年人感到不便。农贸市场经营者在中午还会有二次采购，以方便傍晚 5 点多下班的人可以买到新鲜菜。超市的蔬菜经营区域大多设在卖场最里端，顾客在整个走动过程中要经过大部分非生鲜商品区域，浪费时间。并且超市付款排队现象时有发生，高峰时经常需要等候十几分钟。而农贸市场每次交易完毕就付款一次，不会遭遇"堵塞"等问题，减少了人们等候的时间。还有就是农贸市场中可以讨价还价，而超市则来不得半点马虎，几乎是"分分必较"。因此农贸市场充分适应了农村消费者主要在清晨购买、就近购买的习惯。

4. 交通优势

天星宝农贸市场位于大路街道文曲街上，周围交通便利，四条支路穿插而过，临近乡镇都有县级公路相连，并都有公交车相通，辐射面积广，涉及人口多，既便于商贩进货，又便于人们前往购物。

五、市场建设和发展的积极意义

1. 方便居民生活，增加税收，促进当地经济发展

通过搞活流通、促进消费来扩大内需，是保持经济平稳较快增长的重要手段之一。《财政部关于印发〈农村物流体系发展专项资金管理办法〉的通知》明确指出，中央要设立农村物流服务体系发展专项资金和促进服务业发展专项资金，对县乡集贸市场和地级城市农贸批发市场标准化改造项目给予支持。因此，乡镇农贸市场的建立和发展为当地居民提供了买卖商品的场所，能促进商品流通，增加内需，同时也可以增加当地税收，促进当地经济发展。

2. 创造就业岗位，解决当地就业问题

农村历来是闲置人口最多的地方之一，大量青壮年劳动力处于闲置状态，找不到合适的工作，造成了人力资源的浪费。乡镇农贸市场的建设可以为他们提供创业、就业的机会和岗位，在一定程度上解决劳动力闲置问题，提高当地的就业水平。

3. 有利于解决"三农"问题

"三农"问题是党和政府一直在不断强调的问题，1982—2013 年，中央共发出了 15 个以"三农"问题为核心的一号文件。而乡镇农贸市场的建设和发展则是解决"三农"问题的一个有效途径。乡镇农贸市场不仅仅是一个交易场所，同时也是一面折射社会热点、管理难点的透视镜。它是生鲜食品和农副

产品的重要销售渠道，与老百姓的生活密切相关，直接关系到人民群众的身体健康和消费安全。建设和发展乡镇农贸市场有利于促进农民增收，提高他们的消费水平，促进当地农业产业化进程和经济发展。

4. 有利于当地产业结构调整

农村产业结构的调整和优化是农村经济快速增长、城乡二元结构差异消除和农民收入提高的必然途径。乡镇农贸市场的建设有利于引导和方便农民进入市场，并促使他们根据市场供求的变化趋势，及时调整农业结构，进行规模经营和专业化生产，及时调整工业结构，大力发展乡镇企业，推动农业产业化和农村工业化进程，使农村经济逐步从自然经济转变为商品经济，实现农村经济的商品化、专业化、社会化，促进区域经济的增长。

5. 有利于促进当地城镇化建设

在未建设乡镇农贸市场之前，人们贩卖商品的方式主要有沿街设摊、走街串巷等，严重影响了交通，给人们生活造成了不便，更给政府管理城市带来了巨大压力，严重影响了当地形象。农贸市场的设立为这些流动摊贩提供了廉价的固定经营场所，缓解了政府的管理压力，塑造了一个良好的城镇形象，更促进了人流、商品流和信息流向小城镇的更大集中，从而带动其相关产业和基础设施的发展，有利于提高人口规模和经济实力，促进当地城镇化建设。

六、市场劣势

1. 质量安全难以保证

因为农贸市场货源的多渠道性，加上缺乏市场准入机制的制约，很多产品的质量安全难以得到保证。近年来出现的各种食品安全事件有一部分就出自农贸市场。单就蔬菜而言，批发市场和蔬菜基地供给的产品大多都包含很多的农药，对人体健康有害。而超市经营的产品从采购到进场一般都有控制措施，进场后还要经过检测、分级、加工、包装、冷藏等一系列标准化工序才能上架与消费者见面。一些超市还拥有生产基地，对农产品的生产、加工和销售实施全程质量控制，有效保证了产品的质量安全。

2. 购物环境吵闹、混乱、拥挤

天星宝农贸市场进场口就有一些流动摊贩设摊进行售卖，尤其在赶集的日子，人流严重堵塞，给人们带了不便。就是在这样的环境中，还有直接食用的熟食品贩卖摊，各种调味、腌制品也一应俱全。这类商品没有任何卫生防护措施，在夏季里甚至可见蚊虫乱飞，其卫生条件令人担忧。在这方面，超市明显优于农贸市场，其整洁、干净，有的还开设有现场加工区域，将加工制作的全过程明示给顾客。

3. 缺乏配套设施

由于建设时考虑不周，天星宝农贸市场附近没有停车场。市场外各类卡车、私家车、摩托车数量繁多且乱停乱放，占道现象严重，道路十分拥挤。再加上周边一些商铺将污水倒在路边，使得道路上污水四溢，给人们出行带来不便，并影响了城镇形象。

4. 缺乏规模优势，难以形成规模效应

农贸市场的经营为分散的个体经营，产品相互之间存在价差，进货数量、成本和销售额只有经营户自己清楚，因此与超市相比缺乏规模优势，难以形成规模效应。

七、市场建设和发展存在的问题

1. 建设资金短缺，投入较少

这是影响当前乡镇农贸市场建设和发展滞后的一个主要原因。农村集贸市场建设和发展资金需求量较大，这对于财政状况普遍很紧张的乡镇政府来说是不小的负担。因此，虽然大路街道政府认识到了市场建设发展的重要性，却力不从心，拿不出钱来建设市场，甚至建设市场的一些优惠措施也不能到位，造成市场功能残缺不全、硬件设施简陋落后、规模小，与乡镇建设的发展目标不相适应。

2. 缺乏市场特色

在市场竞争中，特色和专业化是提高竞争力和吸引力的主要手段。农村集贸市场的建设需要特色化、专业化，这有利于推动农村的专业化生产和商品化经营，深化农村区域经济和社会生产的分工，促进农村产业结构的调整与优化，带动区域经济的增长。而天星宝综合市场缺乏能够形成专业化生产和商品化经营的产品，缺乏市场特色。

3. 管理混乱，政府监管不到位

我国许多农村农贸市场缺乏对市场运行进行监督的制度和管理规范。有的即使有也不够具体，无法实施操作。有些法规虽然较为完善，但执法不严或多头执法。由于管理方法滞后，法规和制度不够完善，政策不够统一，管理人员素质不高，规范化管理水平较低，哄抬物价、缺斤少两、吵嘴打架、不讲卫生、乱倒垃圾杂物、秩序混乱等现象时有发生。加之流通秩序混乱，无证、不法商贩比比皆是，假冒伪劣层出不穷。这些既影响了市场的声誉，也影响了人民群众的正常生产生活。由于管理人员工作懈怠，天星宝农贸市场几乎处于无

人管理的状态，整个市场秩序混乱、问题丛生。

4. 规划不合理，不能适应乡镇发展

乡镇新增住宅区不断增加，但却没有必要的生活设施配套，原有的农贸市场已难以满足人们的生活需求，其发展缺乏专业适用的规划的指导，之前也没有相关的规划来指引农贸市场的建设，也没有考虑农贸市场的具体情况。天星宝农贸市场虽然接近大路街道的中心位置，但市场面积太小，远离大量新建住宅区，其改建或扩建势在必行。

八、市场建设和发展的对策

1. 拓宽市场建设资金来源的渠道

农村农贸市场的建设不可能单单依靠国家和地方政府，更多的要依靠社会各界的力量，要多方面、多渠道、多层次筹集资金。地方政府应该制定优惠政策，积极创造条件，鼓励个人、集体、外商多方投资于乡镇农贸市场的建设。同时乡镇农贸市场的建设应该与小城镇的改造、房地产的开发和土地功能的置换结合起来，将新市场的建设与老市场的改造结合起来，这样既有利于筹集市场建设所需的资金，促进乡镇的合理发展，又能为人们经商置业提供机会。

2. 防止出现"有市无场，有场无市"现象

在天星宝农贸市场 2009 年改造完成之初，由于人们习惯于在旧址买菜，加之当时新址地段城镇开发不够，居民区稀少，以至于出现了新建成的农贸市场无人问津，而旧的农贸市场依然生意火爆的现象，也就是人们常说的"有市无场、有场无市"的问题。想要解决这个问题，首先是要遵循市场客观规律，做到合理布局。市场的选址要科学，设计要合理，统筹考虑人、车、交通和物流。其次要降低市场费用。农贸市场的经营者大都是小本经营，经营者更多的是当地的农民，各种费用过高往往使他们宁可日晒雨淋沿街叫卖，也不愿进正规农贸市场去经营。因此，为减轻他们的负担和鼓励摊位出租，降低市场准入费用是一个不错的办法。

3. 制定乡镇农贸市场建设管理规范

农贸市场的建设是城镇建设的重要组成部分，乡镇农贸市场的管理也是城镇管理的一项重要内容。如前文所说，缺乏有力到位的监管是制约乡镇农贸市场发展的一个阻碍，需要有一个起点较高、整体性较强的建设、管理方案。除了要有一个科学合理的规划之外，还需有一个能涵盖建设、管理各个环节，包括市场建设、开办、经营、监督、责任追究等内容的管理办法，并将其纳入城镇管理的长效机制。尤其是在责任追究环节，将责任具体落实到分管单位，落

实到人，真正做到有人管，有法管。要制定和完善市场交易、市场管理的法规，建立起以建设部门和工商部门为主体的联合市场管理机构，提高管理人员的素质，充分发挥群众的监督作用和自我保护意识，打击不法商贩和违法经营者，维护市场秩序，保障公平竞争，创造良好的市场环境。

4. 加强乡镇农贸市场的规划与建设

乡镇农贸市场的规划应综合考虑区位、交通、地形等多方面的因素，要符合乡镇发展总体规划、功能分区和道路建设的要求。要在满足使用功能和投资许可的基础上，高起点、高标准建设，尽可能布局合理、功能齐全，完善水、电、通信、仓储、停车场设施的建设，尽可能地提高市场建设的档次。市场的布局既要与交通主干线保持一定的距离，又要交通方便，满足人们的需要。市场的建设要重视分区和出入口的布局，既要交通便利，又不能造成交易的混乱和人流的过度集中。同时，在市场建筑的设计上既要先进，又要富有地方特色，满足经商、居住等多方面的需要。

5. 加强建设有特色的专业化市场

有特色的专业化市场的建设对于乡镇经济的发展具有十分重大的意义。一个市场只有真正具有地方特色，才能吸引更多的人，创造更大的经济价值。但是，它的建设也不能脱离其区域基础。因此，应该慎重考虑，在综合比较后注意发挥区域优势，发挥区域特色，加强建设有特色的专业化市场。

参考文献

[1] 徐海燕，驼国城. 乡镇农贸市场升级创新管理路径研究——以浙江为例 [J]. 中国市场，2012（35）：34-35.

[2] 李达元，丰都. 乡镇农贸市场破解农产品销售难题 [J]. 农产品市场周刊，2015（01）：42-43.

武隆仙女山镇石梁子
农贸市场发展研究

李可可　吴卓桐　李刚①

前言

　　随着农村经济的发展以及政府对民生的重视程度的提高，农村地区的基础设施得到了广泛改善。作为民生工作的重要一环，农贸市场事关百姓一日三餐，是衡量文明的重要"窗口"。那么农村乡镇农贸市场又是否有了长足的进步？现有的农贸市场是否能满足人民群众的生活需要？面对发展过程中遇到的诸多问题又该如何去解决？这是值得我们思考的问题。本小组于2015年4月对武隆县仙女山镇石梁子综合农贸市场进行了调研分析。

一、市场基本情况描述

市场名称：石梁子综合农贸市场

市场详细地址：重庆市武隆县仙女山镇

市场类型：棚内市场

建筑面积：4 300平方米

拥有摊位数：180个

门面数：20个

经营户数：130户

市场从业人员数：300余人

---

　　① 作者李可可、吴卓桐、李刚均系重庆工商大学2012级贸经2班学生。

没有固定摊位的临时在门口和路边摆摊的摊贩数：20 个

二、市场环境描述

1. 市场内部环境

武隆县仙女山镇石梁子综合农贸市场为 2014 年武隆县政府投资 100 余万元改造的农贸市场，设施较为完善，市场改造后拥有门面二十家，标准摊位一百多个，市场内路面完全被硬化，并新建了公共厕所一座，一改过去路面泥泞不堪的局面，环境变得整洁。随着人民生活水平和城市文明程度的提高，传统农贸市场的种种弊端日益暴露出来，对其进行改造、提升势在必行。

在商品布局上，由于各个摊位商户大多为附近村民，所售商品也主要由自己生产，所以商品布局上不细致，自发形成，但大体上仍能遵循蔬菜、水果、肉食、干货以及日用品的布局。市场中商品布局如图 1 所示。

图1　市场中商品布局

整个农贸市场的通道均由主副通道构成，其中主通道宽约 3 米，副通道宽约 2 米，通道宽敞，通道之间的连接布局较为合理且能够满足平时消费者购物的需要。但在早晨八点到九点人流早高峰时段，由于消费者的大量涌入，副通道会有些许拥堵。

在摊位布局上，由于政府新近对农贸市场进行了升级改造，新增了一批标准化摊位，其整齐宽敞、布局合理，所以该市场内不存在乱摆乱放的现象。

由于缺乏专人维护，加之农贸市场往来人流量很大，市场内的卫生状况不尽如人意。市场内地面无人清扫，导致垃圾随意丢弃。实际上，在调研过程中，我们也并没有见到垃圾桶的存在。市场内光线昏暗，地面水积得多，行走不便。各种蔬菜、肉类、海产品及各类干货味道混杂。各摊位招牌随意设计，没有统一的标准规范，挂放的位置也杂乱无章，上面沾满了污渍。有的招牌还被涂改过，而且悬挂的位置过高，不仅丑陋而且影响心情。鲜肉类提示吊牌所摆放位置在市场入口，让人无法看到。虽然距离政府改造市场只过去了一年多的时间，但是农贸市场中已经出现了顶棚和地面破损的情况，设备的维修保养情况实在是欠佳。

2. 市场周边环境描述

石梁子农贸综合市场位于重庆武隆县仙女山镇驻地。由于靠近旅游胜地仙女山国家森林公园，游客众多，且仙女山镇主打餐饮休闲、旅游度假牌，镇内云集了数百家农家乐、酒店、KTV、快捷酒店，故对蔬菜、生鲜以及各类商品都有着极大的需求量。同时，石梁子农贸市场作为仙女山镇内的商品批发中心，一直发挥着极大的辐射作用。市场周边环境如图2所示。

石梁子农贸市场靠近仙女山旅游公路银杏大道，地理位置优越，交通便捷，有利于货物批发、集散和运输，起到了很大的辐射作用。农贸市场旁边有石匣子社区，居民众多，对生活用品的需求量很大，这也是农贸市场消费者中的中坚阶层。在农贸市场周边2千米范围内，云集了各色酒店、农家乐近百家，商业繁华，夜不罢市，而餐饮行业所需的各色农产品大部分来自石梁子农贸市场。

图2 市场周边环境

三、市场经营状况描述

1. 市场经营分区描述

石梁子综合农贸市场摊位众多，商品种类较齐全，蔬菜、水果、生鲜、粮油、干货以及日常生活品等均有销售。其中以蔬菜为主要经营品种的摊位最多，大约占到了摊位总数的50%，约有90个。以经营水果为主的商贩有18个，占到摊位总数的10%。以经营生鲜、水产、蛋类为主的商贩有35个，占到摊位总数的近20%。经营粮油的摊位最少，只有9个，占到了摊位总数的5%。而以经营干货和日常生活用品为主的摊贩达到了27家，约占总数的15%。

在从业人员方面，从事蔬菜类批发的人员有162人，占总从业人员的50%，从事水果、生鲜、粮油以及日用品经营的从业人员数依次为40人、37人、13人以及29人。市场从业人员调查统计图见图3。

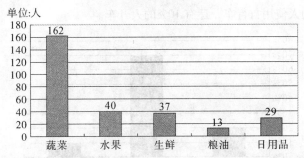

图3　市场从业人员调查统计图

资料来源：根据调研资料整理。

石梁子农贸市场共拥有20家店面，其中经营干货和日常生活用品的商铺最多，分别有10家和8家，剩余2家为批发水果的商铺。

总的来看，石梁子农贸市场是以蔬菜、生鲜为主打特色，兼营水果、粮油、干货、日用品的综合性农贸市场，其商品种类布局合理，能够满足周边消费者的基本需要。

2. 市场顾客调查

我们通过发放调查问卷的形式对石梁子农贸市场的顾客进行了调查。在一天的时间里，共回收有效问卷30份，回收之后我们对问卷调查所得到的数据进行了分析整理。

石梁子农贸市场一天的人流总量大约在3 000人次，在旅游旺季，一天的人流量可以达到5 000人次。而在每天的早高峰时段，每半个小时的人流量在600人次左右。

通过对调查问卷上的信息进行整理，我们发现有20%的顾客前往农贸市场买菜的频率为每天一次，有70%的顾客买菜的频率为每周三次到五次，另外还有10%的顾客买菜频率在每周一次（见图4）。当问及对农贸市场的满意度的时候，约有20%的顾客选择完全满意，有50%的顾客选择基本满意，剩余30%的顾客认为农贸市场存在着诸如卫生和经营秩序等问题而选择基本不满意（见图5）。当问及为何选择在农贸市场买菜的时候，有30%的人认为市场价格更便宜，而40%的人认为市场的农产品更新鲜，这正吻合了"个人消费习惯很重要的消费者和对价格更敏感的消费者更倾向于选择在农贸市场购买生鲜产品"的说法。当问到去超市买菜和去农贸市场买菜有什么区别时，有30%的人选择了价格因素，30%的人选择了环境因素，35%的人选择了质量因素，还有5%的人认为服务上有差别。另外据统计，有70%的顾客选择步行到市场买菜，20%的人使用自行车，还有10%的人开车。

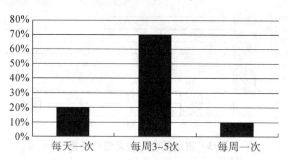

图4　顾客前往市场买菜的频率

资料来源：根据调研资料整理。

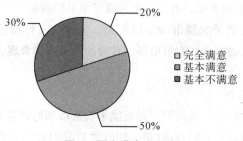

图5　顾客满意度调查

资料来源：根据调研资料整理。

3. 典型经营户调查

在调查的过程中，我们采访了从事蔬菜批发的王某和张某、从事水果经营的谢某，以及从事干货经营的李某。他们全部都从事农贸市场生意5年以上了，其中王某和张某已经从事蔬菜批发满8年了。当问及商品来源时，王某表示他们大部分的商品都属于自产自销，只有少量的干货、日常用品需要从外地购进。李某和谢某表示，他们对市场的经营时间和市场的人气很满意，但是对市场的管理制度不满意，认为管理僵化、不合理，没考虑到摊贩的实际情况，希望改进。

4. 市场管理调查

我们在调查时遇到了正在执法岗亭里工作的市场工作人员宋某，特意向他询问了一些情况。他说，一年前政府对石梁子综合农贸市场进行了升级改造，农贸市场越来越正规了，现在的人气比前些年要旺许多，营业额也有了大幅度提高。当问及市场棚顶部分损坏的问题时，宋某说他们已经注意到有关情况，正在联系人员进行整修。

其实传统农贸市场由于没有明确的长远规划，只能依靠市场进行自我调节，这就导致现有的存在"脏、乱、差"等问题的农贸市场不再能够满足人们的要求。现阶段农贸市场更能满足大多数消费者的有效需求，因此目前做好现有的农贸市场的规划和建设工作是非常必要的，而且加强农贸市场的管理，对于促进农贸市场的健康发展和升级换代具有重要意义。

四、市场的优劣势和问题分析

1. 市场的优势和积极意义

（1）作为一个商品交易场所，农村农贸市场最主要的作用是对农村区域经济的带动和引导，农村农贸市场的建设对于农村的发展有着非常重要的意义。

（2）农村农贸市场的建设有利于农村产业结构的调整和优化，有利于引导和方便农民进入市场，并促使他们根据市场供需的变化趋势，及时调整农业结构，加快规模经营和专业化生产。

（3）农贸市场的建设有利于改善居民生活水平，提高居民生活质量。可以发挥农贸市场的辐射带动作用，从而拉动整个农村区域经济的发展。

（4）农贸市场还为广大农村未就业人口提供了大量的劳动岗位，对于提高农民收入有着重要的意义。

2. 市场的劣势和存在的问题

石梁子综合农贸市场所存在的一系列问题不是个例，而是整个大环境下众多农贸市场发展的一个缩影，这些弊端阻碍和制约了农贸市场在区域经济发展中的重要作用。概括起来，这些问题包括：

（1）市场基础设施陈旧，损坏严重，无法满足商品交易的需要。

（2）市场管理僵化，权责区分不明确，农贸市场的规范化程度低，存在管理缺位现象。

（3）市场环境脏、乱、差，污水横行，通道拥堵。政府对市场缺乏监管且投入不足，没有长远的规划，对市场基础设施也没有进行必要的维护。

（4）受到各类大型超市、生鲜市场、便利店的冲击，农贸市场客流量流失严重，效益低下。

（5）市场中配置布局不合理，缺少科学规划指导。不少市场还存在乱堆乱放、胡乱摆摊设点的现象。

五、关于市场进一步改进的建议

第一，加强对农贸市场建设的领导，将其纳入农村建设整体规划。政府要发挥在此过程中的主导性作用，规范市场建设，完善市场体系，加强市场监管，保持农贸市场持续、健康、适度发展。

第二，市场管理人员要落实自身责任，严格遵守市场管理规范，维护市场基础设施的正常运转，定期排查、清除安全隐患。

第三，农贸市场应积极开拓进取，改变自身定位，甩掉"脏、乱、差"，走有自身发展特色的道路，注重突出地方产品和文化特色。

第四，合理规划农贸市场内的业种布局，使功能分区合理。完善硬件设施，尽可能提高市场的档次。

第五，市场内的商户也要自觉遵从管理规定，不胡乱摆摊设点，爱惜和维护好公共设施和环境卫生。

参考文献

［1］张平. 农贸市场管理架构与机制［J］. 中国市场监管研究，2010（5）.

［2］赵志强. 谈谈如何加强和完善公益性农贸市场建设［J］. 中小企业管理与科技，2013（1）.

附录

乡镇农贸市场消费者访谈问卷

您好，我是重庆工商大学学生，现正在进行一项"乡镇农贸市场研究"的专题调查，最多耽误您 10 分钟的时间完成此次访谈。访谈内容将严格保密，请真实地回答每个问题。

1. 您认为我乡（镇）农贸市场网点布局和经营门面、摊位的布局合理吗？

A 合理　B 不合理　C 感觉一般

2. 您对农贸市场出售的农产品放心吗？譬如蔬菜、卤腊制品、冻货和腌菜等产品。

A 完全放心　B 有点担心　C 完全不放心

3. 您来市场买菜的频率是？

A 每天一次　B 每周三次到五次　C 每周一次

4. 您为什么要选择在农贸市场买菜？（多选）

A 便宜　B 新鲜　C 热闹有气氛

5. 在超市买菜和在农贸市场买菜有什么区别？（多选）

A 价格　B 环境　C 质量　D 服务

6. 您来这儿使用的交通工具是？

A 步行　B 自行车　C 公交车　D 开车

7. 您到这儿花费的时间是？

A 五分钟　B 五到十分钟　C 十分钟以上　D 半小时以上

8. 您认为本乡（镇）农贸市场的基础设施符合市场发展的要求吗？

A 完全符合　B 基本符合　C 基本不符合　D 完全不符合

9. 您对本乡（镇）农贸市场的环境卫生以及经营秩序满意吗？

A 完全满意　B 基本满意　C 基本不满意　D 完全不满意

10. 您对管理部门管理农贸市场外围马路市场的效果满意吗？

A 完全满意　B 基本满意　C 基本不满意　D 完全不满意

11. 您认为当前乡（镇）农贸市场可由超市等其他业态替代吗？

A 可以　B 不可以　C 不知道

12. 您对市场商品结构、商品价格、管理服务满意吗？

A 完全满意　B 基本满意　C 基本不满意　D 完全不满意

13. 您对政府监管乡镇农贸市场的整体效果满意吗？

A 满意　B 不满意　C 不知道

14. 您认为政府应如何加强对乡镇农贸市场的监管，以便促使乡镇农贸市场健康、有序地发展？

　　A 改善市场基础设施

　　B 定期进行质量检查

　　C 派驻人员监督管理

　　D 制定合理的农贸市场准入规范

再次感谢您的积极配合！

祝您身体健康、工作顺利、生活愉快！

北碚天生农贸市场发展研究

李怀生　刘小虎[①]

前言

农贸市场是指在城乡设立的可以进行自由买卖农副产品的场所。农贸市场是商品买卖以及物流贸易的集散地。农贸市场作为重要的民生场所，它的规模反映了一个地方的经济水平，它的布局体现了城市的功能规划，而它的发展及变迁，则折射着所在地区乃至周边地区经济社会的发展。在经济发展过程中，农贸市场起到了促进农副业生产发展、促进改革开放、活跃城乡经济、便利群众生活的积极作用。当前，我国社会经济正处于大转型、大变革时期，加强农贸市场建设与发展，对于解决城乡富余劳力和失业下岗人员就业、缓解产销供需矛盾和维护社会稳定等具有极其重要的作用。然而，与越来越快的城市现代化进程相比，农贸市场由于受规划布局、设施、规模、经营管理等因素所限，已逐步落后于城乡建设的整体发展，在发展空间和发展前景上面临着诸多的困境。本小组于 2015 年 5 月对重庆北碚区天生农贸市场进行了调研，通过实地观察、问卷调查、采访等形式，结合新闻报道资料，分析了其发展状况及存在问题，并在此基础上进一步探讨助推农贸市场进一步发展的可行之道。

一、市场基本情况描述

北碚天生农贸市场位于重庆主城九区之一的北碚区。该区近年来发展迅速，2014 年实现地区生产总值达 415.41 亿元，比上年增长 11%；社会消费品零售总额达 153.07 亿元，增长 12%；城乡居民收入分别达到 28 071 元和 13

[①]　作者李怀生、刘小虎均系重庆工商大学经济学专业 2013 级 2 班学生。

169 元，增长 8.8% 和 11.1%。而位于该区的天生农贸市场以其规模之大、产品之多、辐射范围之广，成为北碚区最大的综合批发市场。

天生农贸市场正对中山路，背靠云泉路，由原重庆太阳物业有限公司建于 1992—1995 年，分 3 期建成，1995 年年底全面投入使用。该农贸市场先后经多家公司及业主委员会维护、管理、分割、改建、买卖等，形成目前的状况。目前，该市场已是集批发、零售于一体的综合性批发市场。其现由天生物业管理，营业面积达 12 170 平方米，有固定摊位 500 多家，摊位出租率达到 95% 以上，内有经营户 500 多家，从业人员 1 000 多人，主要销售商品为服装、皮革、家具、家用电器、音像制品、文化用品、大小百货、肉类、蛋类、水产、水果、粮油、副食品及蔬菜。市场内也不乏一些没有固定摊位的小摊贩，或自己挑菜来卖的菜农。2013 年和 2014 年，其经营额分别达到 2 500 万元和 3 000 万元。

天生农贸市场所在的天生街道位于城区中心，辖新星路、胜利街、泉外园、西南大学北、天生桥、西南大学南、碚峡路、龙溪路、荷花池、奔月路 10 个区，故该市场的人流量、经济发展水平、交通条件都十分优越。北碚天生农贸市场经营状况调查结果如表 1 所示。

表 1　　　　　　　　　北碚天生农贸市场经营状况调查表

调查项目	调查情况
商户来源	本地人员为主，部分来自合川，外地人较少
消费者来源	附近居民为主
铺位的租赁方式	一年一签、两年一签、月付、季度付（因商铺都是被商家卖掉的，无"死"政策，均可与业主协商，包括租金）
铺位租金及转让费	位置不同，价格也不同，大致范围为 500~1 200 元
市场经营状况	日常客流量较少，周末及节假日生意较好
市场经营时间	不同种类时间不一致，大致从早上 5 点到晚上 8 点
市场周边配套设施	商业街、重百超市、银行、餐饮
物业费及收取方式	4.5 元/平方米/月（按建筑面积收取），月付
市场辐射区域	北碚区、周边临近县城
商户的货源渠道	朝天门、江北盘溪的蔬菜批发市场、菜园坝

资料来源：根据实地走访调研整理。

二、市场环境描述

天生物业对农贸市场内摊位布局做了划分，整体上做到了各有所归。正如调查后所制作的平面图所示，天生农贸市场在经营布局上划分为 A、B、C 三个区域。其中，A 区有三层楼，一楼为海鲜市场，二楼为副食品市场，三楼为菜市场。由于内部建筑复杂，部分介于一层和二层或二层和三层之间的地方分别属于家禽市场、菜市场。水果摊在平面图中"1"所示位置，一般有摊位或门面，摊主摆摊时刻意向外延伸，从而存在一定的占道经营现象。图中"2"的位置位于一楼，是一条长长的通道，平行于永泉路，贯穿 A 区两端，是农贸市场里的图书城。这条通道可以直达 C 区，由于地形起伏的缘故，在 A 区的一层在 C 区是地下一层，这里分布有花卉店、观光鱼店以及一个规模较 A 区三楼较小的菜市场，大概有 30 多个摊位。B 区分为两层，一层为五金店、日杂店，还有一家水产店。二层主要是肉铺，其中猪肉摊位 70 多个，牛肉摊位 10 多个，还有熟食摊位以及卖早点等食铺摊点 10 多个。北碚天生农贸市场平面图如图 1 所示。

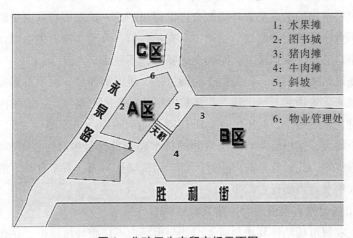

图 1　北碚天生农贸市场平面图

从整体上看，天生农贸市场对各种经营品种位置做了划分，但是在具体的划分上并不十分细致。副食品的一些店铺散落在其他分区中，B 区一层沿路开的一家水产店，使天桥下的这条路一直湿漉漉的，显然这是由于 B 区并非水产区，不具备所需的排水设施，从而导致排水不畅，积于地表。农贸市场环境状况如图 2 所示。

图2　农贸市场环境状况

1. 市场内部交通拥挤，环境嘈杂

由天生农贸市场的宏观交通环境调查可以看出，天生综合批发市场处在相对便捷、发达的交通环境中，便于物流集散，方便商品的存储和运输。但是，从天生批发市场的微观交通环境调查可以得出结论，批发市场周围交通安全环境不容乐观，虽然交通路线、交通工具充足，但在人流、物流集中地，人行道和交叉路口易发生交通堵塞，阻碍交通畅通，不利于交通安全。

市场虽然做了划分，但是由于商铺过多，显得很拥挤。由于占道经营，又有很多往来运货物的车辆，还有很多临时送货的摩的汇聚于此，市场内外的交通很拥挤，也很嘈杂，时不时就会听到刺耳的喇叭声。平面图中"5"所表示的是一个斜坡，这里经常有运送货物的货车经过，有很多摩的也停留在此处。经过调查得知，此处几年前发生过因货车司机操作不当，货车自动下滑撞向人群，导致消费者当场死亡的事故。

2. 市场设施有损毁现象，建筑略显陈旧

天生农贸市场整体环境显得陈旧，与市场内不注重环境维护、存在种种问题有关。市场内的一些商标或者招牌有损坏现象，有的甚至字迹残缺，却没有被及时修缮。市场内通道不时有超载运输的大货车经过，地面经常年碾压后开裂，凹凸不平，一遇雨天，道路泥泞不堪。多处墙体被涂鸦，随处可见的小广告严重影响了墙面的清洁以及市场的美观（见图3）。市场内乱搭乱建、电气线路老化等消防隐患严重，极易引发火灾事故。市场内缺乏交通及消防相关指示牌，仅有的几个消防警示牌却往往被忽视（见图4）。市场部分分区内光线暗，通风设施差，家禽市场里面有浓烈的刺鼻气味。

图3　市场内随处可见的小广告

图4　市场内的消防警示牌

3. 消费者以周边居民为主，零售较多，批发较少

前来购物的消费者主要是周边的居民，以及周边批发肉食、蔬菜、海鲜等产品的菜馆。由于是多个同种店铺集中经营，单个的店铺规模小，前来批发的人不多。在家禽区调查时，那里的摊主告诉我们，他们销售的家禽就是批发而来的，主要销售对象是单个消费者，基本上不大量批发。

4. 管理水平落后

在产品交易过程中，天生农贸市场缺乏公开、公正、公平的准则规范，执法力度较弱，执法人员少，管理人员只管收费，不管监督，更无服务，导致市场秩序混乱，大大影响了市场的发育水平。管理者缺乏对经营户的管理，消费者利益受损难以维权，导致制假售假、出售劣质产品的现象增加。市场内存在多个流动的摊贩，它们的存在使占道经营现象更严重，也给有固定摊位的摊主造成损失。其实，方方面面层出不穷的问题与管理水平的缺乏都有着千丝万缕的联系，因此不难理解，虽然天生农贸市场经历过多次治理，仍然问题突出。

5. 周边环境

天生农贸市场靠近居民区，正因如此，我们5月2日前去调研时，卖肉的摊主说，今天并不及平时的双休日，因为很多居民外出旅游，走亲访友去了。同时，天生农贸市场距商业区较近，北靠国美电器城，紧靠的胜利街也是一条繁华的商业街。此外，农贸市场附近还有高档酒店等商业休闲设施。

天生物业市场部的工作人员告诉我们，近几年，这里经济发展很快，首先对于摊主来说是一件好事。摊主中很多人来自合川，在附近也购置了房产，于是定居于此，在这里做生意。同时，对于农贸市场的发展也有好处，人流量的增加提高了经济收益。不过他们也坦言，大型超市的建立，以及周边基础设施的完善，给农贸市场发展也带来了冲击，对其内部的建设管理提出了更高要求。

三、市场经营状况

1. 市场经营分区

天生农贸市场种类齐全，各种商品总体上都有自己的分区。如蔬菜、水果、肉类、水产、家禽、粮油、副食品、花卉、五金、图书等都有自己的分区。其中摊位最多的是蔬菜，其次是肉类。肉铺又主要分为猪肉铺、牛肉铺以及熟食铺。

2. 市场顾客调查

消费者对农贸市场存在问题的认识如图5所示。

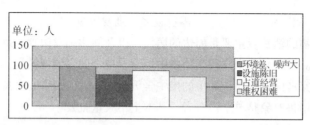

图5　消费者对农贸市场存在问题的认识

天生农贸市场里，前来购物的消费者中以妇女和老人居多，主要以购买日常蔬菜和肉食品为主。这些消费者大多数住在附近的小区或公寓，由于距离近、交通方便、选择品种多以及价格相对便宜等原因，他们选择在农贸市场购物，而较少到超市选择同类产品。部分老人习惯于购物时砍价，因此在农贸市场购物比在超市购物更符合他们的购物习惯。

虽然农贸市场内的公告栏张贴了消费维权负责人员的联系方式（见图6），但是购买的商品出问题后，消费者的维权并不顺畅，维权部门需要消费者出具证据，比如发票、视频、目击者证明等。由于证据难以获得，维权成本太高，相关工作人员让消费者找摊主协商解决，而最后更多的是不了了之。

图6　消费者维权投诉求助途径公告栏

消费者对卫生状况普遍表示不满，也提到了市场内嘈杂的环境对购物心情产生的负面影响，并表示出对物业的失望。物业对市场所存在的问题并没有积极解决，有的时候在遇到问题后，暂时采取一些措施，并不能拿出长期有效的解决方案。

3. 经营户调查

在对肉铺和卖菜摊贩的调查中，一位在这里卖了十多年牛肉的摊主简述了自己摊位的变动：从A区搬到现在的B区。调查中告诉我们，他们的货物来自屠宰场，早晨两点到六点就有货送过来，租金根据位置大小的不同而有所不同，一般每个月800~1 000元。不过交了摊位费之后，物业对市场内设施、卫生、交通的管理并不到位，比如电线老化的问题、设施陈旧与破损的问题、占道和噪声等问题，物业都未予以解决。

从副食品摊主那里，我们了解到副食品的价格一般变动不大，与对牛肉铺的调查结果一致，这些产品的价格都受到物价局的统一管理，不会有自己单方面降价或者涨价的情况。产品的进货源都很清晰，相对而言比较正规。

4. 市场调查

天生农贸市场位于北碚中心区，便捷的交通把它与周边连接起来。2006年下半年，重庆至北碚高速公路取消收费，使该区域人气大增，带动了区域内商贸、房地产的发展。近年来，北碚区经济发展迅速，推动了居民消费需求的增加。天生农贸市场周边居民区众多，很多居民习惯来此购买日常生活所需品，这也是市场近年来销售额持续增长的重要原因之一。与此同时，经济发展也推动了很多大型超市的建立，超市里购物环境舒适，品种也足够满足顾客需求。超市的建立给天生农贸市场带来了不小的冲击，尤其是一些年轻的消费者更愿意去超市消费。

5. 媒体印象

我们根据调查和走访得知，天生农贸市场所存在的诸多问题由来已久，不仅消费者及经营摊主对天生市场的发展变化感受深刻，媒体对此也有很多报道。2010年9月16日，北碚农贸市场被挂象征主城最差农贸市场的"黑牌"。2014年1月，天生农贸市场云泉路被曝存在非法夜市现象。2014年9月14日，重庆日报报道了北碚区天生农贸市场内，送货车辆和随意占道经营的菜贩挤占道路，买菜的市民被挤在狭小的缝隙中的现象。菜贩们随意在路边摆摊，影响了人车通行，堵塞了消防通道。市场内道路破损严重，下雨天污水横流、泥泞不堪。

与此同时，媒体也积极跟进了天生农贸市场的维护和治理相关活动。2007年工商局查处"涉红"辣椒；2014年整治非法夜市；市政局、区商办等多部门组成联合整治小组开展集中整治活动。媒体以独特的视角见证着天生农贸市场的不断变化，起到了重要的监督作用。媒体关于天生农贸市场的报道如图7所示。

图7　媒体关于天生农贸市场的报道

四、市场优劣势

1. 优势

（1）所处的位置临近居民区，居住人口众多，有很大的市场发展潜力。

（2）市场有多个进出口，交通发达，便于物流集散，方便商品的存储和运输。

（3）配套设施齐全，临近商业街，周边商铺众多，商贸繁华。

（4）产品齐全，满足顾客任意挑选的需求。价格便宜，贴合居民消费水平。

2. 劣势

（1）环境卫生较差，清洁人员数量太少。

（2）基础设施陈旧且不完善。没有停车区域，无车辆指示标志。

（3）交通安全环境不容乐观，市场内占道经营现象普遍，交通拥挤，噪声大。

（4）权利受损难以获得补偿，维权成本高，消费者权益难获有效保障。

（5）物业管理水平和能力有限，投入力度不足。

（6）周边大型超市的建立对市场冲击加大。

五、关于市场进一步改进的建议

1. 市场管理环境

（1）在已有的区域划分基础上，进一步规范化。

（2）物业应该加大对市场设施进行维护的资金投入力度，更新市场的陈旧设施。

（3）加大对市场运作的管理力度，对于流动摊贩，提供固定的经营地点并对违规行为进行处罚。

2. 市场安全环境

（1）解决市场内线路老化问题，更换存在安全隐患的设施。

（2）加强对商品质量的管理，确保商品货真价实，坚决打击制假售假行为。

（3）主动站在顾客一边，落实好产品维权机制，确保消费者买得放心、省心。

（4）加大宣传力度，积极进行教育，提高摊主和消费者卫生意识。要在集市定期举行有关安全、卫生的讲座，积极宣传产品质量的重要性以及假冒伪劣产品的危害性。

　　3. 市场交通环境

　　（1）坚决禁止摊主占道经营，可以采取批评、处罚等措施。

　　（2）周末及节假日人流量多的时候，多安排一些管理人员，时时进行交通疏导。

　　（3）在市场内设置专门交通进出口，多树立一些交通引导标志。

　　4. 外界监督

　　（1）针对市场内存在的设施陈旧、经营环境差、经营秩序紊乱等问题，北碚区消防、公安、工商等职能部门应本着以人为本、为人民服务的理念，加强对北碚区天生综合批发市场的安全管理和隐患整改。

　　（2）在天生农贸市场改进过程中，应该积极发挥媒体和居民的监督作用，这样一方面可以集中民智，另一方面又可以起到自我宣传的作用。

六、结论

　　重庆北碚天生农贸市场作为北碚区最大的综合性市场，在产品、管理上积累了一定的历史经验，也存在着一定的发展问题。随着经济的发展和人民生活水平的提高，人们对产品的质量、购物环境的舒适度、交通的便捷程度等要求都越来越高。因此，天生农贸市场既面临需求激增的机遇，又面临购物体验要求极高的挑战。我们相信，天生农贸市场的物业管理公司以及市场内的商贩们已经预料到，唯有正视问题，真正做到进行自我改进，才能更好地向前发展。

参考文献

　　［1］张旭. 农贸市场的环境污染与防治措施［J］. 资源节约与环保，2013（7）.

　　［2］董云鹏. 农村超市发展初探［J］. 商业研究，2002（3）.

　　［3］蒋爱萍. 我国城镇农贸市场发展存在的问题与建议［J］. 企业研究，2011（14）.

　　［4］任光超. 我国农贸市场水产品销售 SWOT 分析［J］. 黑龙江农业科学，2010（10）.

合川区瑞山西路农贸市场发展研究

代倩　陆梦园①

一、市场基本情况描述

市场名称：瑞山西路市场

市场地址：合川区瑞山西路桂花街

调研时间：2015 年 6 月

市场类型：棚盖市场及部分占道经营市场

占地面积：约 7.5 亩（1 亩＝666.67 平方米）

拥有摊位数：400 个

门面数：53 个

经营户数：380 户

市场从业人员数：1 457 人

固定摊位及临时摊位数：约 200 个

二、市场环境描述

1. 市场内部环境

市场于 2004 年竣工，后不断扩建，市场较为陈旧。近几年因政府规划市区，进行了大量的农民拆迁，有剩余部分土地的农民在自给自足的情况下将剩余果蔬在市场进行贩卖，而市场由于是十几年前规划，规模较小，不能容纳大量农民的贩卖，农民不断外涌，从而形成"马路市场"，也被称为"农民市场"。

摊位布局较为规范合理，便于管理，居民也能很快找到自己需要的蔬菜鱼肉。

---

① 作者代倩、陆梦园均系重庆工商大学 2013 级经济学专业学生。

市场经营商品分为八个区：棚盖内分为蔬菜区、熟食区、鲜肉区、禽兽区、水产区、干货区；马路市场则有专门的水果区、花卉区。

棚盖市场内每个摊位之间的通道大约为 1.5 米宽，基本不拥挤，但是偶尔有居民骑自行车乃至摩托车造成拥挤。而马路市场在马路两边都有规划摊位，使得道路变得十分狭窄，但仍有很多商贩没有找到摊位而将蔬菜摆在马路中间贩卖，更是增加了马路的拥挤程度。市场内拥堵的街道如图 1 所示。

由于市场内属于棚盖市场，大棚内的柱子很多出现黑漆脱落的现象，墙体下端一米高的地方布满污渍，还有被撞缺角的柱体。光线昏暗，地面积水略多，行走不便。各种蔬菜肉类、海产品及各类干货气味混杂。外面的马路市场则非常拥挤，并且农民随处乱扔蔬菜烂掉的叶子，使得环境更为恶劣。棚内市场环境如图 2 所示。

图 1　市场内拥堵的街道

图 2　棚内市场环境

2. 市场周边环境

该市场交通便利，共有四条道路，其中大门入口处一条，正对大门右侧有两条小干道，出口又有一条道路，并且此道路有公交车经过，交通方便，能够满足各个地区人员、物资的交流。市场腹地辽阔，周围有多所高等学校，如合川中学、重庆师范大学涉外商贸学院，而且市场近居民区，如锦绣园、竹园，周围居民人口达1万多人，提供了广阔的市场。市场还近商业区，如便民超市、白品火锅等，并且这些商业区、居住区都在距市场1 000米以内。当然，该市场占地不是很宽广，所以较为拥堵，四周停车不便，存在乱停车现象，加重了市场拥堵情况（见图3）。

图3　市场周边乱停车现象

三、市场经营状况描述

1. 市场经营分区

市场有较好的分区，具体有蔬菜区、肉类区、水产品区、家禽区、粮油区、熟食区、干货区、水果区、花卉区、日杂区等。经营蔬菜类的摊位有114个，没有门市；经营肉类的摊位有70个，门市5个；水产品区摊位数2个，门市2个；家禽区摊位数25个，门市6个；粮油区摊位数3个，门市1个；熟食区摊位数30个，门市12个；干货区摊位数30个，门市10个；水果区摊位数72个，门市7个；花卉区摊位数22个，门市7个；日杂区摊位数13个，门市3个。其中，蔬菜类从业人员约占全部经营户的26%，在市场从业人员中约占13%；肉类从业人员约占全部经营户的17%，在市场从业人员中约占9%；水产品类从业人员约占全部经营户的1%，在市场从业人员中约占0.5%；家禽类从业人员约占全部经营户的7%，在市场从业人员中约占4%；粮油类从业人员约占全部经营户的1%，在市场从业人员中约占0.5%；熟食类从业人员约占全部经营户的10%，在市场从业人员中约占5%；干货类从业人员约占全部经营户的9%，在市场从业人员中约占5%；水果类从业人员约占全部经营户的 18%，在市场从业人员中约占 10%；花卉类从业人员约占全部经营户的 7%，在市场从业人员中约占 3%；日杂类从业人员约占全部经营户的 4%，在市场从业人员中约占 1.7%。

2. 市场顾客调查

由于之前拆迁房屋而修建的安置房在菜市场周围，外加菜市场不远处有合川中学，很多家长因陪读而住在附近，市场每天人流量达 1.5 万，高峰时段（早上七点至十点）人流量则高达 7 000~8 000 人次。

在调查了 20 多名顾客之后，根据他们对市场问卷的回答，我们整理出如下结论：

（1）来菜市场买菜的大多为附近居民，距离相对很近，大部分都是步行前来，平均时间也就五分钟左右，少部分人会骑自行车或者摩托车前来。附近居民基本都是每天来一次菜市场。

（2）顾客对菜市场的摊位布局合理程度都表示不是很敏感，都觉得经常买也就习惯了，布局什么的都无所谓。问及对出售的农产品是否放心，有些顾客表示自己也不是很明白，应该都还好；一部分顾客表示无所谓，反正都差不多；很多顾客会选择在外面的马路市场进行购买，觉得价格会稍微便宜一点，而且外面的商贩基本都是农民，蔬菜会较为新鲜。

（3）大部分顾客都认为超市的蔬菜鱼肉等价格会稍微便宜一点，但是菜市场的菜色相对来说更新鲜，并且菜市场的选择面较大，而附近有很多顾客是陪读的家长，他们对于菜色的要求会高一点，故喜欢在菜市场买菜。

（4）所有被问到的顾客都表示菜市场太过拥挤，因为市场是在十几年前修建的，没有考虑到现在人流量不断增大，交通逐步发达，占地面积较小的棚盖菜市场已无法容纳越来越多的顾客。而外围的马路市场则更为拥挤，甚至出现顾客寸步难行的情况。

（5）对于菜市场的环境，很多顾客都表示没什么看法，觉得菜市场好像都这样，也就无所谓了；少部分顾客则认为市场内地面脏乱、气味混杂，希望管理人员与清洁人员能够加大整改力度。

顾客们也对菜市场提出以下几点希望，希望菜市场能够越办越好，更加满足人们的生活需求：

（1）希望能够增加商品品种。顾客感觉就目前而言，选择面不是很广，菜色也比较单调。

（2）希望蔬菜、肉食等商品的价格能够有所下降。顾客认为现在的菜价略高，希望价格能够在新鲜的前提下有所下降。

（3）希望菜市场能够更好地规划一下，使得道路不再那么拥挤。他们还希望能够减少进出的摩托车、自行车的数量，减少拥挤度。

3. 典型经营户调查

菜市场内有蔬菜、干货、禽兽、鲜肉、水产品以及油类产品。我们分别对每个类型的典型经营户进行了调查，调查结果如下：

（1）蔬菜类。

①该经营户在此市场经营四年左右，摊位价格为 200~300 元/月，经营时间大致为早上五点至晚上七点半。他觉得生意不是很好，顾客不是很多，而且因为马路市场的兴起，生意更少了；同时他认为市场的管理不是很好，管理人员不够负责。

②该经营户在此市场经营五年左右，摊位价格也为 200~300 元/月，经营时间为早上五点至晚上七点。他同样认为生意不是很好，东西不好卖，并希望管理人员能够加强管理，特别是卫生方面，希望管理人员能够提供更优质的服务。

（2）干货类。

该经营户在市场做生意大约六年，摊位租金为 100~200 元/月。他觉得市场的人气不是很高，对现在的经营状态不是很满意。对于市场管理者的管理与市场卫生，他表示还能接受。

（3）禽兽类。

①在摊位经营的经营户在市场做生意大约两年，每天早上四点半开始摆摊，晚上六点半左右收摊。他认为现在市场的人流量还行，生意比较好，对此比较满意。但是他对市场管理比较失望，因自己每年的摊位租金在一万元左右，但是没有得到应有的服务，表现在环境控制得太差，且对于日常的管理也较少。

②处于门市的活禽经营户在市场经营七年左右，租金为 20 000~30 000 元/年。他认为生意不怎么好，同时租金高，管理人员管理不到位。

（4）鲜肉类。

①该经营户在市场的经营时间较长，超过了十年。他每天早上差不多六点开始摆摊，下午七点左右收摊。每月租金为 700~800 元。他认为生意不太好做，因为周边超市开始增多，竞争加大，客流量流失较多。他觉得管理人员较为负责，卫生也还"过得去"。

②从事绞肉类工作的经营户在此市场经营大约七年，每年租金为 4 000 元。他对生意状况基本满意，认为管理人员很负责。

（5）水产品类。

该市场的水产品经营户较少，主要有两家，一家经营鱼类，另一家则主要经营黄鳝等水产品。

①经营鱼类的经营户市场租金大约为 10 000 元/年，其生意比较好，早上、下午都有不少顾客，市场上的竞争对手较少，经营时间为早上四点半到晚上六点半。他觉得管理还不错，希望能够整改下水道。

②经营黄鳝的经营户租金每年超过 10 000 元，竞争对手少，生意好，经营时间为早上五点到晚上七点，他觉得管理还不错。

（6）油类。

该经营户有自己的私人门面，没有租金压力，觉得生意还不错。经营时间为早上六点半到晚上七点。他觉得管理还不错，对环境较为满意。

4. 市场管理调查

在做完菜市场的基本情况调研和对顾客、商贩的调查后，我们找到了市场的管理人员。在说明来意后，工作人员积极配合，一一回答了我们提出的问题。

管理人员提到，菜市场是在十多年前修建好的，其性质为股份制菜市场，归重庆瀚丰投资有限公司所有。

市场于 2004 年修建完毕，之后进行过大大小小的改建。特别是近几年在农民商贩逐渐增多之后，由于市场太小，容纳不了越来越多的零散农民，导致农民四处摆摊，增加了城管的工作难度，并且严重影响了市容市貌，于是政府对菜市场进行了规划，在菜市场外的桂花街建成了马路菜市场（也称农民市场）。

对于菜市场的摊位价格，管理人员透露，不同的摊位价格不同。蔬菜类为100~200 元/月；熟食类为 230~240 元/月；干货类大约为 250 元/月；鱼肉类大约为 250 元/月。对于马路市场的摊位，只收取清洁费，不加收管理费。

对于菜市场的问题以及解决方案，管理人员也提到以下几点：

（1）对于市场内的环境建设，特别是棚内的柱子，基本只对其进行维修，因为资金有限，而且大规模的重建会影响市场的日常经营。

（2）对于马路市场严重影响交通的问题（特别是一些农民在马路中间摆摊，严重影响了交通），管理人员正在加大管理力度，但是由于高峰期人流量特别大，所以管理效果不是特别明显。再加上沟通上难度较大，管理人员的管理效率也降低了。

（3）马路市场不仅有上述问题，还有所谓的"鱼霸""肉霸"压迫农民，收取农民的保护费，企图达到垄断的目的，进一步压榨农民的利益。在这个问题上，市场的管理人员已经向周边的公安部门寻求帮助，希望公安方面能够出面进行管理，解决这种问题，减少农民的压力。

（4）市场内部有很多需要清洁和修理的地方。由于市场在居民区中，而且有很多门市属于私人门市，尤其是门市上面全部都是居民住房，这就使得市场管理的范围增大。管理人员不仅要清洁市场内部，还要疏通市场内的下水道、维修门市上的居民户的下水道，因为一旦上面的居民户出现问题，下面的门市也会受到影响。这一大问题，管理部门已以30万元的价格将下水道疏通及维修业务外包给服务公司，让其全权负责。

（5）管理人员还向我们提到，现在菜市场的棚盖区摊位尚没有完全出租出去。对于这个问题，管理者说他们已经采取积极的宣传方式进行宣传，希望能吸引更多创业者的眼球。他们认为，摊位出租不出去，是因为很多商贩贩卖的东西都差不多，没有自己的特色，那么对消费者而言，选择面就相对减少；对商贩自己而言，因为差异化过小，为了得到更多的顾客，他们就只有选择压低价格，从而引起价格战，使自己的利润大幅度下降。所以管理人员的方案是降低摊位价格，从而吸引有生意头脑的商贩，给自己的产品打出特色招牌，以此获利。

四、市场的优劣势和问题分析

1. **市场优势和积极意义**

（1）菜市场的优势有以下几点：

①菜市场周围都是居民户，并且周围的道路多，公交车多，交通便利，再加上周围学校众多，陪读家长、学校食堂都是很好的顾客源，故菜市场只要利用好这一系列的资源，好好开发市场潜力，必将获取更多的利润。

②菜市场的菜色新鲜程度很高，很占优势。相较于周边的超市而言，菜市场的商品虽然在价格上不占优势，但是其新鲜程度完全不是超市比得上的。特别是市场外的马路市场里，全部都是农民的蔬菜，其新鲜程度就更好了。菜市场可以运用自己的优势并大力宣传，使自己的优势更加突出，打出特色牌，以此获取更大的利益。

（2）菜市场的积极意义有以下几点：

①方便了居民的生活。菜市场离居民区相当近，对于居民而言，买菜买肉都是非常方便的，并且菜市场菜色新鲜，品种较多，选择面较超市更广，方便了居民的日常生活，也提高了居民的生活质量。另外，菜市场还近高等院校、餐馆等场所，市场为它们提供了方便、快捷的供货渠道。

②市场每年经营销售额约为 660 万元，缴纳税费 19.8 万元，为当地经济发展做出了贡献，而且市场为解决就业问题提供了帮助，共有下岗员工 23 人在此市场工作。

2. 市场劣势和存在问题的总结和分析

（1）市场过小。市场是在十几年前修建的，由于当时没有考虑到未来的发展，所以修建时市场规模小，设施较为落后，没有现代市场的停车场、较大的分区以及日常生活所需的日用品超市。现代农贸市场很多都是有地下停车场的，能够较好地维持市场内部秩序。并且很多现代农贸市场都有地下、地上两部分超市，各自分管蔬菜与水产品等，分区大、种类多，能满足人们的各种需求。而现在的市场太小，完全不能满足人们日益增长的物质需求。

（2）市场内的农产品种类有限，且有些产品已形成垄断。很多顾客也提到菜市场内的产品种类较少，相似度较高，没有新意。特别是熟食类，很多的产品都是大同小异，选择面过窄。还有水产品类，销售该类产品的商家整个市场也就两家，而且两家完全从事不同的产品销售，已经形成垄断，并且开始恶性竞争。这些商家开始压榨市场外马路市场的农民，不准他们出售水产品，否则要收保护费。

（3）占道经营情况已严重影响周围居民的生活，主要体现在以下几点：

①臭味严重。人们一走进马路市场，就能感觉到恶臭味扑面而来，有个别销售水产品的摊位更是污水横流，严重影响了周边居民的生活。

②噪音很大。马路市场内各种小贩的叫卖声、摩托车的噪音、人们的讨价还价声、争吵声、喇叭声此起彼伏，周边居民苦不堪言。

③卫生状况恶劣。水产品使整个道路污水横流，有不少居民反映只要走过水产品区，鞋子便被污水弄脏。还有一些不自觉的摊主把玉米剥下的皮、蔬菜的烂叶子胡乱地丢弃，这不仅不卫生，而且增加了环卫工人的工作量。

④阻碍交通。市场外的马路市场还较为混乱，没有合理规划。两边的马路各被占 1.5 米来摆摊位已经使得马路非常拥挤，然而还有些零散的农民把蔬菜直接摆在了马路中央，使得那条街完全不能通车，严重影响了交通。

五、关于市场进一步改进的建议

1. 提高居民环境意识

一方面，农贸市场管理人员要加大宣传力度，增强居民自觉遵守市场规则的意识；另一方面，市场管理人员也要加大监管力度。当然，居民本身也要有主人翁意识，认识到良好的秩序是市场良性运作的基础。

2. 增加菜市场的可用面积

市场过小是修建时的历史遗留问题，而且周围的居民楼都比较稳定，所以市场很难轻易地扩建。市场一旦扩建，就需要大规模地改变周边居民楼的格局，甚至进行大规模拆迁，这根本不现实。

所以我们提出的方案是纵向增加菜市场的可用面积，"向上、向下"发展。"向上"是指在菜市场原有的基础上加盖一层，使其变成两层式棚盖菜市场。在上面一层贩卖污染较小的果蔬，在下面一层贩卖一些容易造成污染的水产品及鲜肉类产品。而"向下"发展是指修建地下停车场以及地下菜市场，以此增大菜市场的空间。这些改动方案我们向市场管理者咨询过，他们表示这些改动都需要向市规划局反映，等待审批，否则不能随意改动。

3. 打特色牌，增大产品间差异

菜市场内产品种类少，且产品相似度大，可供选择的面较窄。我们提出的方案与市场管理者的招商方案不谋而合，即打特色牌，尽量增大差异。我们看到很多商贩销售的东西基本都一样，竞争力太弱，而如果每个商贩都能尽量做出自己的特色，增大自己与别人的差异，那么将获得更大的利益。同时，商贩可以发展自己的特色产品，将产品做得更加有竞争力，增加自己的利润，增加消费者的可选择性，实现双赢。

4. 加强对马路市场的管理

我们的方案是，坚持从实际出发，因地制宜解决马路市场问题，使马路市场焕发出生机。马路市场的商贩都属于农民商贩，并且都是零散的商贩，可以让其与棚盖内市场的商贩结合，让农民直接低价把蔬菜、鱼肉卖给棚内的商贩，由里面的商贩进行统一贩卖。

对农民而言，虽然这样可能会降低利润，但是这样做节约了贩卖时间，能够给自己留出时间和精力去做其他事。而对棚内的商贩而言，低价收购农民的蔬菜、鱼肉，虽然增大了自己的零售压力，但是收获了更多的顾客，增加了客流量。而且棚内的商贩可以利用菜市场的地理优势，与周边的餐馆和学校签约，增加自己的客户源，增加自己的销售量，获取更大的利益。

5. 完善上市商品的渠道认证制度

为保证进货渠道的合法性、创建安全的消费环境、改变市场内商品渠道不清的情况、提高农产品质量、避免农产品药物残留，应对农产品市场上销售的豆制品、熟肉制品进行试点，要求经营者提供合法的进货凭证，再在试点的基础上，对市场内经营的商品全面推行索证制度。接着，结合索证对场内商品的厂家进行考察备案。

6. 加强部门协作

为完善农贸市场的环境，各部门须积极参与，环境保护部、交通运输部、商务部、卫生部都要切实重视和加强领导，因地制宜地采取有效措施，推进新一轮"菜篮子"工程建设，抓好各项政策措施的落实。

7. 搭建网商平台

农副产品通过互联网销售早已不稀奇，目前，仅淘宝网上的农副产品销售量就已非常惊人。然而对于一个将拥有多个经营户的一级农贸批发市场来说，要把上千种不同产品全部搬上网络，并实现和消费者之间的对接，这是一项难以想象的庞大工程。有关部门可以帮市场搭建线上交易平台，这样不仅可以帮助销售，也会使马路市场逐渐消失，还原周围居民户比较好的生活环境。

参考文献

[1] 魏晓琴，李慧珍. 提高中卫市农产品质量安全水平的途径 [J]. 现代农业科技，2011（16）.

[2] 晓荷. 四大特色打造农贸市场"升级版"[J]. 今日宁乡，2013.

巴南区木洞镇农贸市场发展研究

何芳①

前言

随着零售业态的发展，乡镇的各种农产品和食品买卖活动逐渐集中到一个固定的场所，形成了农贸市场。与此同时，其他形式的农产品零售业态也在不断发展，和农贸市场形成竞争。木洞镇农贸市场历史悠久，2011年的改造对市场的发展有所帮助，但是随之兴起的超市售卖农产品也对农贸市场构成了威胁。2015年1月，本小组前往重庆市巴南区木洞镇农贸市场进行了实地调查，此次调研的目的在于了解木洞镇农贸市场的基本情况，进行优劣势分析，并为其提出具有可行性的发展建议。

一、市场基本情况描述

本次调研的农贸市场为位于重庆市巴南区木洞镇大桥三路的木洞镇农贸市场。该市场由重庆舰航菜市场管理中心经营并管理，其性质属于民营企业。木洞镇农贸市场为棚盖类市场，占地1 000平方米，主要分为主市场和主市场对面负一楼的家禽售卖市场。其中，有固定经营户58家，经营种类主要是猪肉、蔬菜、水产等；有游摊散户100家左右，主要经营附近的居民自种的农产品。

二、市场环境描述

市场内的设施总体比较新，每个摊位都由白色的瓷砖覆盖，使得摊位的台面容易打扫，也让农产品的摆放更加整齐；顶棚有透明和不透明的搭棚，市场

---

① 作者何芳系重庆工商大学2013级贸经1班学生。

内光线充足。不足的是在 2013 年市场改造中，新建的厕所位于离主市场相对较远的家禽分区内，其也是农贸市场唯一的厕所，对消费者来说相对较远，且厕所没有人打扫，脏乱差的现象比较严重，消费者的如厕需求得不到满足。

市场内的摊位主要是顺着市场的走向呈 7 列纵向分布，每列的摊位相隔约 3 米，比较宽敞，在人流量较大的节假日不会太拥挤。但是，部分固定经营户超出摊位摆放货物，且部分游摊散户占道经营。在市场外围一圈分布着较多的游摊散户，主要是附近居民或农民，他们上午会在市场外围摆摊，摆摊范围有时会延伸到马路边。

市场根据售卖商品的种类进行分区，通过挂牌标示出来的分区有蔬菜分区、猪肉分区、水产分区、豆类分区、卤菜分区，没有通过挂牌标示出但经营者自觉集中在一起的经营的区域还有日杂区、干副及调味品区、家禽区等。蔬菜分区、猪肉分区以及水产分区占了市场约 2/3 的面积，这三个分区相邻。其他分区的占地面积很小，主要分布在农贸市场的几个出口处。总体来讲，经营商品的分区是合理的，比较符合消费者的购买习惯。

市场内部的通道的设置还是比较合理的，每一列的摊位间相隔 2~3 米，可以容纳约 4 人并肩通过，即使在人流量较大的节假日也不会出现拥堵的情况。但是在市场外围的游摊散户会在节假日集中，数量突增。另外，市场外围与居民楼之间的距离约为 2~3 米，居民楼一楼商户有占用街道经营的现象，所以市场外围一圈的通道相对拥挤一些，尤其是在节假日顾客量和摊位数量较多的时候。

该农贸市场管理中心聘请有 4 名清洁工，负责市场内的清洁。虽然在市场的个别出口会出现垃圾的临时堆放现象，但产生的垃圾都能在当天得到及时清理。摊位上的墙体是前几年改造时新建的，相对比较新且干净，但经营户容易忽视对摊位墙体的打扫。

农贸市场的外围被人行道包围，然后再被居民住房（楼高六层或七层）围住，在居民楼外才是四条双行道马路。在距农贸市场约 20 米的地方有一个公交车站，该公交车站的客车主要发往南坪、鱼洞和木洞镇附近的几个乡镇，运行时间为早上六点至晚上五点。农贸市场周围无停车场，在节假日的时候，农贸市场外围的公路边停放着各类私家车，造成道路拥堵。

三、市场经营状况描述

1. 市场经营分区及其结构

木洞镇农贸市场在 2011 年改建扩张后对市场经营种类进行了分区。在分区中的固定经营户一共有 58 家。其中，蔬菜经营户 11 家、猪肉经营户 23 家、水产经营户 7 家、豆类经营户 4 家、卤菜经营户 3 家、日杂经营户 4 家、干副及调味品经营户 6 家。每天都有来自木洞镇附近的村民在市场内摆摊，他们主要经营的种类为蔬菜和较少的水产品，每天的游摊散户在 100 家左右。总体来讲，木洞镇农贸市场的经营种类主要以蔬菜为主，其次是猪肉、水产。

2. 市场顾客调查

木洞镇并无赶场天，所以每天的客流都差不多。但是节假日务工返家的人较多，所以节假日人流量会有所增加。根据对农贸市场中的顾客进行的调查得知，80% 的人"经常来"农贸市场买菜，"很少来"和"偶尔来"的顾客各占 10%。通过调查发现，所有居民均选择步行来到农贸市场，且 80% 的居民到农贸市场所需的时间在 15 分钟以内。顾客来市场的频率和顾客步行至市场的时间如图 1、图 2 所示。

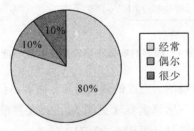

图 1　顾客来市场频率

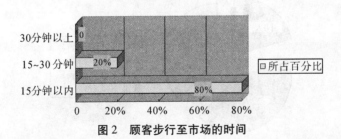

图 2　顾客步行至市场的时间

由于木洞镇政府对"万村千乡"工程的扶持，木洞镇兴起了数家中型超市，它们也会售卖果蔬、肉类等农产品，与木洞镇农贸市场形成了竞争关系。针对为什么顾客会选择去农贸市场买菜，我们也做了问卷调查（见图 3）。调查结果显示，主要是因为农贸市场的菜品更加新鲜，价格比较便宜，且可以议价，种类也比超市更加齐全。木洞镇场镇周围都是农村，这里的居民早已习惯了在农贸市场购买农产品，其对农产品的放心度更是高达 53.3%（见图 4）。

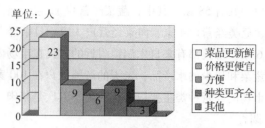

图3 顾客到农贸市场买菜的原因

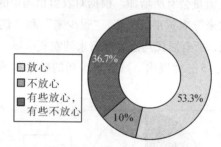

图4 顾客对农贸市场农产品的放心度

根据顾客对农贸市场的满意度的调查得知，顾客不仅对农贸市场的商品结构、商品价格、管理服务感到满意（见图5），对农贸市场的环境卫生、经营秩序和基础设施都感到满意（见图6、图7）。

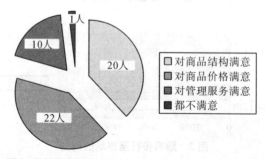

图5 顾客对农贸市场商品结构、商品价格、管理服务的满意度

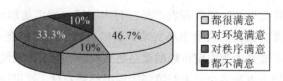

图6 顾客对农贸市场环境和秩序的满意度

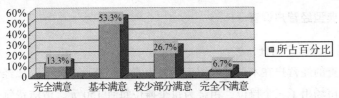

图7 顾客对农贸市场基础设施的满意度

我们还通过问卷调查了解了顾客对农贸市场的布局、管理者在农贸市场外围马路的管理的满意度（见图8、图9）。总体而言，顾客的满意度都很高。

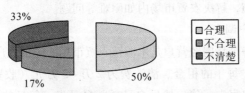

图8 顾客对市场摊位布局的满意度

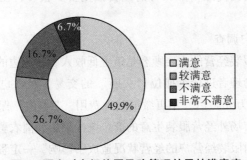

图9 顾客对市场外围马路管理效果的满意度

最后，我们针对当前乡镇农贸市场是否可以被超市等其他业态商业所替代进行了问卷调查。调查数据显示，一半的被调查者都认为二者会相互竞争、共同发展，40%的被调查者认为农贸市场不能被超市替代，仅有10%的人认为农贸市场会被超市替代（见图10）。

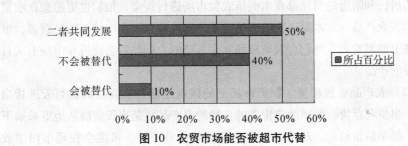

图10 农贸市场能否被超市代替

四、典型经营户调查

1. 蔬菜经营户调查

被调查的经营户在木洞镇农贸市场做生意已经有两三年了，该经营户在木洞镇农贸市场租了三个摊位，租金为每个摊位每月 150 元，清洁费每个摊位每天 1 元，固定经营户的租金、清洁费每年一次性交清。该经营户主要经营反季节蔬菜，自己去江津批发市场批发蔬菜，再运回农贸市场售卖。每日的经营额在 200~1 000 元不等，一般节假日生意比较好。该经营户对农贸市场的建议是：完善基础设施，解决农贸市场内如厕难等问题。

2. 猪肉经营户调查

被调查的第一个猪肉经营户是木洞镇农贸市场的经营大户，其在农贸市场内有十多个摊位，每年的租金、清洁费为 2 万~3 万元（收费标准同上）。该经营户自己去农户家中买猪，然后自己杀、自己卖，每日的经营额在 2 万~3 万元。其他较小的猪肉经营户每日的经营额则要少很多，在几百元到一千元之间。

3. 服装经营户调查

农贸市场内服装经营的主要顾客是镇上低收入者和周边的农民等。有的经营户和农贸市场管理者进行了摊位"买断"的交易，经营户一次性交清所有费用（约 1 万~2 万元）后，不再缴纳其他费用，"永久"保留对摊位的使用权。市政部门将市场外经营服装生意的商户统一聚集到离农贸市场不远的转盘处，对农贸市场内服装经营户的经营状况造成了影响，一定程度上降低了市场内经营者的营业额。

五、市场的优劣势和问题分析

1. 市场的优势和积极意义

（1）消费者对农贸市场的依赖度高。在木洞镇的超市经营农产品之前，镇上的居民和附近的村民都在木洞镇农贸市场进行买卖，他们也更愿意在农贸市场购买农产品。在木洞镇农贸市场卖菜的游摊散户既是市场上的经营者，也是市场上的消费者，他们在农贸市场卖完自己的农产品后会就近在市场上买自己需要的产品。

（2）农产品更加新鲜。农贸市场上的固定经营户的商品都是当天进货当天卖，很少有存货。游摊散户售卖的自种的农产品更是当天清晨从地里采摘下来的，都是最新鲜的。超市内出售的蔬菜如经营不佳，可能会在超市内摆放

2~3天，其新鲜度会大大降低。就农产品的新鲜度来讲，农贸市场具有极大的优势。

（3）农产品种类更加齐全。对于居民每日都需购买的农产品来讲，农贸市场中的品类更加齐全。游摊散户售卖的农产品应季且新鲜，居民更加放心。

（4）方便居民生活。木洞镇农贸市场作为木洞镇唯一的一个综合性农产品买卖市场，位于木洞镇的中心位置，靠近镇上唯一的公交车站以及船舶停靠点，交通便捷，辐射范围广，为木洞镇的居民和周边乡镇的村民提供了便利。人们可以在农贸市场购买日常所需的农产品，如蔬菜、猪肉、水产等。

（5）解决就业问题。木洞镇农贸市场中有固定经营户48家，其大多以家庭为单位，这就解决了一个家庭的就业问题，从而减轻了政府负担。农贸市场中的游摊散户多为附近的老年人，他们没有养老金，也没有能力再外出务工，只能在镇郊的土地上种一些应季蔬菜，然后再拿到市场上售卖。他们的再就业不仅解决了他们的生存问题，也使他们的养老有了保障。

（6）竞争对手处于初步发展阶段。木洞镇农贸市场的最大竞争对手就是通过"万村千乡"工程发展起来的凤梧超市。木洞镇一共有三家凤梧超市，但是其尚处于初步发展阶段，且超市售卖新鲜农产品在木洞镇是一种新兴的农产品交易形式，还没有得到木洞镇居民的完全认可。超市内的蔬菜、肉食和水产不够新鲜，种类少，超市也会将几天都没有卖完的蔬菜继续拿来售卖，故不能吸引顾客。超市售卖新鲜果蔬在木洞镇才刚刚兴起，众多方面都需要完善与改进，因而镇上的居民更愿意在农贸市场内购买新鲜农产品。

2. 市场的劣势和存在的问题分析

（1）基础设施不够完善。尽管木洞镇农贸市场在2011年经历过一次改造，但是改造仅涉及经营分区和市场内的建设，其他的配套基础设施建设得并不好。木洞镇农贸市场内仅有一间厕所，位于主市场对面楼下的家禽分区旁，对于经营户来说不够方便。且厕所没有冲水和洗手的设备，容易出现肮脏、臭等问题。市场也没有洗手的洗手台，如厕后直接去买菜或卖菜都不卫生。木洞镇除了居民区可以停车外，并无其他的停车场，所以在农贸市场外围有私车乱停现象，占用了主干道，导致节假日农贸市场外围马路拥堵。有的游摊散户将摊摆出市场，甚至摆到了马路边，使得道路更加拥挤，这不仅影响道路交通，而且也不安全。

（2）市场内环境卫生差。木洞镇农贸市场聘请了4名清洁工对农贸市场进行打扫，但是清洁工开始做清洁是在早上客流量大大减少的十点半以后，这个时候打扫清洁虽然比较方便，但是在人流量较大的时候产生的垃圾比较多，清理不及时就会导致垃圾堆积，严重影响市场内的环境。

（3）市场难以再扩建。木洞镇农贸市场被居民楼围住，在现基础上扩大市场面积已经是不可能了。如果脱离主市场在其他地方进行扩建，必然会增加经营者的费用支出。

（4）"万村千乡"工程中中型超市的崛起。由于政府对"万村千乡"的大力扶持，凤梧超市在木洞镇快速发展起来，短短一两年就在木洞镇开了三家。这三家超市均开在贯穿木洞镇的主干道旁，使得镇上的居民购买商品更加便捷。超市内果蔬、水产品的价格因为大批量进货会略低于农贸市场。超市售卖农产品已经成为一种零售趋势，随着将来不断发展和改进，其必将与农贸市场并驾齐驱。农贸市场必须尽快寻求新的发展点，才能在未来的大趋势中站稳脚跟。

六、关于进一步改进市场的措施

1. 经营户要提高自己产品的质量

面对来自于超市的竞争，农贸市场内的经营户必须保证自己售卖的农产品绿色无公害、新鲜、有保障、进货源头可追溯等，这样才能提升自己产品的竞争力，赢得顾客的信任。固定经营户也可以增加经营种类，让前来购买的顾客有更多选择，满足顾客的消费需求。

2. 农贸市场要加强市场内基础设施的建设和对环境卫生的改善

市场内的厕所问题和环境卫生问题是木洞镇农贸市场必须尽快解决的问题，农贸市场管理部门必须建立一个配套设施完善的农贸市场。要及时完善市场内唯一的厕所设施，为经营户和顾客提供更好的消费体验。市场管理部门可根据实际情况增加清洁工，加强市场内的清洁卫生打扫，避免垃圾的堆积，做到市场内每天、每时都干净整齐。规范市场内经营户的行为，做到不乱扔菜叶、菜壳，自觉地维护市场内的清洁卫生。

3. 完善农产品准入制度

木洞镇农贸市场可以联合政府相关部门完善农产品的市场准入制度，对进入市场的经营者经行检查，对固定经营户可进行定期抽样检查，并将检查结果公示，以确保进入市场内销售的农产品都是安全的，没有假冒伪劣、不合格的产品进入市场流通，这样才能够提升顾客对农贸市场的信任度，人们才能够更加放心地在农贸市场内消费。同时，这也能够促使经营者经营合格产品，提高产品质量。

4. 政府部门要大力推动农贸市场的经营秩序管理。

木洞镇的城市管理部门要加强对农贸市场规范经营的监督，和农贸市场管理部门一同协商游摊散户的摆摊地点。城市管理部门要加强和经营者、消费者的沟通，将他们的一些意见传达给农贸市场管理部门，一同协商问题的解决方案。

七、总结

木洞镇农贸市场不仅方便了镇上的居民和附近乡镇的村民，对拉动木洞镇的经济发展、解决居民就业问题也都有很大的作用。但是面对不断发展起来的凤梧超市，其竞争压力也越来越大。在零售业态越来越多元化的发展趋势下，木洞镇农贸市场必须加强对市场内经营秩序的管理，完善各项配套设施，致力于提供更好、更舒适的消费环境。市场内的经营户必须提高自身所经营商品的质量和性价比，在和凤梧超市的竞争中体现出优势和竞争力。城市管理部门要加强对农贸市场的经营秩序和安全问题的检查，以保证有一个较好的市场经营环境。

参考文献

[1] 张旭. 农贸市场的环境污染与防治措施 [J]. 资源节约与环保，2013（7）：54-55.

[2] 黄永辉. 农贸市场的性质探究 [J]. 中外企业家，2014（15）：29.

[3] 蒋逸民，张红智. 农贸市场蔬菜价格形成过程探析——基于舟山市定海区的调查 [J]. 商业经济，2012（8）：1-3.

[4] 李雪松. 生鲜畜产品购买渠道选择影响因素研究——以重庆市超市和农贸市场为例 [J]. 中国畜牧杂志，2012（16）：28-31.

[5] 徐海燕，骆国城. 乡镇农贸市场升级创新管理路径研究——以浙江为例 [J]. 中国市场，2012（35）：34-35.

[6] 张满英，宋大才，支玉强. 规范和降低城市农贸市场摊位费的若干思考 [J]. 价格理论与实践，2011（1）：23-24.

[7] 石清青，李晶源. 基于农贸市场蔬菜区环境改造的优化设计 [J]. 中国市场，2011（28）：162-164.

附录

乡镇农贸市场消费者访谈问卷

您好，我是重庆工商大学学生，现正在进行一项"乡镇农贸市场研究"的专题调查，最多耽误您 10 分钟的时间完成此次访谈。访谈内容将严格保密，请真实地回答每个问题。

（1）您认为本乡（镇）农贸市场网点布局和经营门面、摊位的布局合理吗？

（2）您对农贸市场出售的农产品放心吗？譬如蔬菜、卤腊制品、冻货、腌菜等产品。

（3）您来市场买菜的频率为一周几次？

（4）您为什么要选择在农贸市场买菜？在超市买菜和在农贸市场买菜有什么区别？

（5）您来这儿使用的交通工具是（步行、自行车、公交车、开车)？到这儿花费的时间是？

（6）您认为本乡（镇）农贸市场的基础设施符合市场发展的要求吗？

（7）您对本乡（镇）农贸市场的环境卫生以及经营秩序满意吗？

（8）您对管理部门管理农贸市场外围马路市场的效果满意吗？

（9）您认为当前乡镇农贸市场可由超市等其他业态替代吗？

（10）您对市场商品结构、商品价格、管理服务满意吗？

（11）您对政府监管乡镇农贸市场的整体效果满意吗？

（12）您认为政府应如何加强对乡镇农贸市场的监管，以便促使乡镇农贸市场健康有序发展？

再次感谢您的积极配合！

祝您身体健康，工作顺利，生活愉快！

巴南区长生桥农贸市场发展研究

赵蒙莹　彭意晴　张梅①

前言

"十二五"时期是我国全面建设小康社会的关键时期，是深化改革开放、加快转变经济发展方式的攻坚时期，也是加快推进农业现代化、建设社会主义新农村的重要时期。同时，世情、国情、农情将继续发生深刻的变化，我国农业和农村经济发展也面临着诸多风险与挑战。近年来，农村经济良好、快速地发展，发展具有农村特色的乡镇农贸市场也得到政府的大力支持。随着我国农业发展进入新阶段，农产品贸易自由化进程加快，给农村乡镇农贸市场带来了机遇和挑战，如何进一步提升农贸市场的交易体系和管理体系是重中之重。本调研组于 2015 年 2 月对重庆长生镇长生桥农贸市场进行了调研。

一、市场的基本情况

市场名称：重庆长生镇长生桥农贸市场

市场详细地址：重庆市巴南区长生镇长生桥新建街 39 号

市场类型和规模：长生桥农贸市场鸟瞰图基本上呈圆形布局，中间是呈长方形的室内市场，四周是固定的门面店铺，在市场的外面有露天式摊位，而且在出入口处有无固定摊位的路边摊贩，他们主要经营蔬菜、水果等。该农贸市场占地面积约 1 500 平方米，一共有两层，摊位一共有 277 个。其中蔬菜区大概每个门面的市场从业人员为 1~2 人，加上没有固定摊位的临时在出入口和路边摆摊的摊贩，市场从业人员约有 600 人。

---

① 作者赵蒙莹、彭意晴、张梅均系重庆工商大学 2012 级贸经 1 班学生。

二、市场环境

1. 市场内部情况

长生桥农贸市场于 1999 年建成，市场总体分为室内和室外两部分。室内一共有两层，各层通道的上方有清晰可见的安全通道指示。一层设有 4 个出入口，主通道有 5 个，宽约 4 米，副通道 10 个，宽约 3 米，主要经营蔬菜、水果、糖果、鲜肉、水产、豆制品、卤菜、干副、粮油、家禽、酒类等，以长方形摊位为主，呈现岛屿式分布，各个摊位依次排开，整齐划一，沿直线走向排列，摊位号牌等有统一标识。各个摊位与通道的相接处有一排宽约 0.2 米的污水排放道，摊位的墙壁清洁度差，在墙壁上有肮脏物黏附。二层主要经营日常生活用品和服装，以门市经营为主，店内商品摆放整齐，墙壁干净，比较整洁规范。室外的露天式摊位是经营者自行布置的，用布袋铺在地面上，产品放在上面，主要经营蔬菜类、水果类商品，基本上都是占道经营，且在市场的外围通道上有随意堆放的车辆和垃圾。通道宽 1.5 米，室外地面清洁度和室内地面清洁度都很差，且室外摊位的商品摆放较室内也更凌乱。在农贸市场的主入口处，有 95% 的摊位都是占道经营，商品摆放占据了一部分通道，剩余通道宽度仅可满足 2~3 人并排而行，在人流量的高峰时期就略显拥挤。对于室内明亮度，有的区域好有的区域差，但整体上照明较好。

农贸市场入口处的主通道及室内市场的第二入口处均设有垃圾车，垃圾车四周地面肮脏，臭气熏天。市场内部设有男女厕所，厕所地面肮脏，积水较严重，墙体漆黑难看，乱涂乱画现象严重。

我们对该农贸市场的 50 位顾客进行了现场问卷调查，根据调查问卷统计结果，45 位顾客对摊位的排列结构持基本满意态度，5 位不满意；47 位顾客对室内商场卫生不满意，3 位非常不满意；46 位顾客对室外卫生非常不满意，2 位顾客非常不满意，2 位顾客基本满意。

2. 市场周边环境

长生桥农贸市场位于长生镇中心，人流量大，消费者密集。附近有嘉杰小区、富祥花园小区、桃花桥小区、百乐园小区等。172 路及 176 路公交车经过长生镇站，交通便利（见图 1）。

图1　市场周边有172路及176路公交车经过

在抽样调查的50人中，进入该农贸市场消费的人的平均年龄在36岁左右，步行购物的有39人，乘坐公交车购物的有8人，自驾购物的有3人，其中大部分是附近的居民和方圆3千米以内的居民。

三、市场的经营状况

1. 市场经营调查

市场经营的商品有蔬菜、家禽、肉类、干副、豆制品、调味品、日杂、副食品、熟食、水果，每种产品的经营品种较多，且每种商品的价位各不相同。一层作为主要市场，共有7个区位，共277个摊位。其中蔬菜区144个，约占总摊位数的51.99%；水产区8个，约占总摊位数的2.89%；鲜肉区13个，约占总摊位数的4.69%；卤制品区14个，约占总摊位数的5.05%；水果区52个，约占总摊位数的18.77%；豆制品区34个，约占总摊位数的12.27%；冻品区12个，约占总摊位数的4.33%（见图2）。

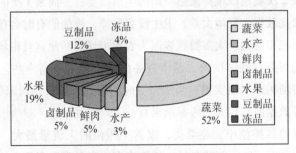

图2　市场经营商品种类状况调查

注：图中数据出入系四舍五入所致。

2. 市场人流量调查

长生桥农贸市场的营业时间是从早上6点半至下午5点半。早上将近7点的人流量为一天中最大，根据推算，6点半到7点半这一小时内，人流量达到700人次；中午11点人流量为370人次左右；下午4点到5点，人流量为280人次。我们根据概率统计的随机数点法模拟了一天内农贸市场不同时刻的客流量，如图3所示。

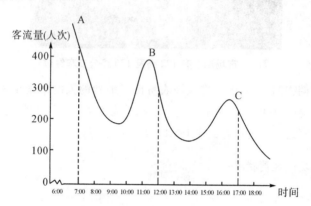

图3　模拟一天内不同时刻的客流量

其中，A、B、C点分别代表早晨7点前、中午12点前、傍晚5点前的人流高峰点，人流量呈现"驼峰状"的变动规律。

我们现场调查了30位顾客，有9位一周会来3次农贸市场，有7位一周会来2次，有9位一周会来1次，有5位每天都会来。一周来3次的顾客反映该农贸市场经营的商品质量可靠，无不良产品，且离家较近；一周来2次的顾客表示一周来2次就足以维持家庭一周的生活需要；一周来1次的顾客表示该农贸市场离家比较远，环境太差，卫生没有保障，故他们有时会在附近超市搞促销时转而去超市购物。大多数顾客因为农贸市场商品便宜且市场离家近而选择在农贸市场买菜。顾客反映，超市商品的价格普遍要高一些，而且不能讲价，在农贸市场买菜则很实惠。当然，受时间段、节假日、周末等因素影响，市场人流量等数据波动较大，考察结果有一定局限性。

在被调查的各摊位中，蔬菜类、家禽类摊位的人流量最大，其次是干副类。据被调查顾客反映，蔬菜新鲜、价格实惠，家禽现卖现杀，比较新鲜，质量有保障。

3. 顾客提袋率调查

提袋率是指进入卖场的总人数和实际购买人数的比例，反映卖场的客流量和实际有效客户，用来评估商业的整体效益。简单来说，销售额可用客单价乘以发生消费的人流量（有效人流）表示，而评价有效人流的标准就是"提袋率"。

目前，国内的购物中心项目蓬勃发展，但却有着非常复杂的考核标准，购物中心的经营不易控制预算及来客量之间的关系，在此我们对农贸市场提袋率的研究目的是优化农贸市场的竞争机制，加强农贸市场的科学化管理，推动农贸市场的均衡发展，促进农业经济的蓬勃发展。要想把农贸市场的人都变成购买者，表现出较高的提袋率、客单价，我们需要做好以下几点：

（1）丰富农贸市场的产品种类。

根据购物中心统计资料文献证实，顾客在卖场逗留的时间越长，其花费越高，因此购物中心应在品牌、价格、服务、购物环境、标识引导等多方面下功夫，注重业态的合理构成，增加顾客非目的性消费和随意消费的可能，延长消费者在购物中心的逗留时间，实现更多销售。

长生桥农贸市场就充分利用了这一点。在农贸市场里面，蔬菜类、熟食类、肉类、水产品类等各种商品合理组合，每种商品下的品类各不相同，价格也参差不齐，顾客选择面非常广。同种商品也有不同的产地、不同的价格等级，且某些时间段一些商品会进行降价处理，这大大增加了顾客在农贸市场挑选商品的时间，延长了顾客停留时间，从而提高了顾客的购物概率和购买单价。

（2）完善农贸市场基础设施建设。

购物中心应具备完善的提升顾客购物效率的策略，配备有完善的设施和服务平台。例如，市场应做到设立询问台、能够电脑选择采购礼物、树立各商店分类指引标志、提供个人购物服务、设立消费者权益维护处和纠纷调解处等，这样不仅让顾客有种受到特殊待遇的感觉，成功提升提袋率，而且还能提高客单价。

综观长生桥农贸市场内部，各类商品分区分布，同类商品也分块排布。例如在一层入口处，就是专门的蔬菜区摊位，一层内部也分别设有水产区摊位、豆制品区摊位、蔬菜区摊位等，分布较集中，大大方便了顾客选购。在农贸市场的第4出入口处有复秤台区，保证了顾客的合法权益。另外，农贸市场内部设有厕所卫生设施，但是厕所卫生较差，墙壁上存在乱涂乱画现象，且粘贴了很多小广告，大大降低了外观整洁度。厕所气味难闻、地面肮脏、积水严重。在农贸市场的出入口处设有垃圾车，垃圾车车盖未盖上，垃圾未进行分类处理，且地面也是垃圾遍地，恶臭难闻。总之，市场的基础设施太差。

4. 抽查摊位调查

（1）店铺一。

店铺名：红发合理副食店

店铺地址：长生镇新建街 39 号附 38 号

经营商品：副食品

经营模式：批发、零售

经营面积：约 50 平方米

经营人员：1 人

月销售额：60 000 元

红发合理副食店如图 4 所示。

图 4　红发合理副食店

（2）店铺二。

店铺名：诚信水果

经营商品：水果

经营模式：零售

经营面积：约 6 平方米

经营人员：1 人

经营情况：一般 2~3 天进货一次，每次进货 500~600 元，每个月收入 4 000~5 000 元

摊位费：500 元/月

不同地方的摊位每个月的摊位费也不同。红发合理副食店位于农贸市场的第三出入口处，人流量大，摊位费较高；而水果由于毛利率低，其经营摊位费也相对较低。总的来说，被调查店铺的交易行为文明，月利润可观，活跃了农贸市场经济。另外，为保障市场的稳定，还应关注市场内产品的价格波动，建立完善稳定各种产品价格和市场供应的调控体系。

5. 市场管理调查

农贸市场管理办公室设在室内市场，负责管理农贸市场日常，包括农贸市场卫生管理、食品质量安全管理、食品质量安全进货检查验收、不合格产品退货管理、入市管理、维护市场内部的安全交易等。为保障消费者权益，办公室门口设有复秤台区，还有检测室和发电机房。

四、市场的优势与劣势分析

1. 市场优势

长生镇长生桥农贸市场位于重庆主城边缘，乘坐 172 路、176 路公交车及地铁 6 号线可以直达，进货便利，蔬菜较新鲜，运费低，商品价格较低。以农贸市场为中心的周边小区众多，消费潜力大。

长生桥农贸市场摊位众多，商品种类多，各类商品分区较合理，摊位布局也较集中。消费者反映，商品分区清楚、便于寻找，有利于集中采购，提高了采购兴趣。

2. 市场劣势

（1）市场设施与卫生条件差。

对于长生桥农贸市场，市场内设置导购图的位置不合理，导购图在第 2 入口处，而不是在主通道的入口处；市场内没有通风设施、除湿设施、停车场等公共服务设施；卫生管理较差，一层活禽宰杀摊位经营区域非封闭式，且宰杀、存放、销售区域划分不清，现卖现杀。存放活禽时使用的笼子下面并没有处理活禽粪便的设施，地面长期潮湿，通风性差，不利于防止禽流感等传染病的传播；水产品摊位没有统一的设施工具，鱼池、鱼缸前未设置挡板；市场内部地面的排水道设置不合理，设在了道路中央，容易造成堵塞。

（2）市场食品安全问题。

该市场内部没有任何检测机制，无法得知商品的来源和是否经过了检测、分级、加工、包装、冷藏等一系列标准化工序，食品安全问题令人担忧。大多数农贸市场都存在类似的问题。查阅文献后可知，近年来，消费者对食品安全问题的关注度越来越高。我们应做到以加强产销衔接为重点，加强鲜活农产品流通基础设施的建设，创新鲜活农产品流通模式，提高流通组织化程度，完善流通链条和市场布局，进一步减少流通环节，降低流通成本，建立完善、高效、畅通、安全、有序的鲜活农产品流通体系，保障鲜活农产品市场供应和价格稳定。

（3）市场管理力度不够强。

市场管理机制过于表面化，没有采取有力的管理机制，管理过程中没有规则制度等方便执行者参考；管理效果较差，商贩对于管理者的一些要求不能积极配合，有时甚至不加理睬、阻碍一些法规的执行；管理力度不够，管理人员执行过程中态度不够强硬，有时只是"走过场"；治安管理不足，没有专门的人员巡视市场，出现偷抢等现象时，消费者不能及时维权；室外卫生管理太差，地面上的垃圾有时无人清理，负责管理卫生的人员积极度较低，有些下水沟处异味严重。

（4）从业人员素质有待提升。

市场从业人员大多文化水平不高，在经营过程中，随地乱扔垃圾、随地吐痰等不文明行为时常发生。有时在顾客购买过程中，从业人员态度不友善，加之有些顾客的文明程度低，两者易发生口角。经营者有时也存在顾客询问菜价、菜品等时，对顾客不理不睬的现象，降低了整个市场的形象。

（5）农贸市场定位不确定。

农贸市场经营的产品种类过多，经营的主力竞争商品不明显，对于重点管理的商品不明确，不利于提高农贸市场的销售额，也不利于资源的优化配置。另外，农贸市场和菜市场的区分不明显，两者的经营对象重叠交叉、概念模糊，应该明确农贸市场和菜市场的区别，或将菜市场和农贸市场合并成为农贸市场，扩大农贸市场的经营范围，建立完善的农贸市场机制，便于市场的统一化管理。

（6）农贸市场缺乏统一的规划布局。

农贸市场一般都采用摊位租赁的方式从事市场交易活动，这样就造成了不同摊位的经营者各自规划布局各自的租赁摊位的现象。布局不合理、设计规模小、功能不完善，这些都导致占道经营现象突出，市场整体布局杂乱。且农贸市场设备陈旧，房屋墙壁破旧，与标准化的农贸市场相差甚远，严重影响了市容市貌。

五、市场改进建议

针对上述长生桥农贸市场存在的劣势，结合调研内容，我们对长生桥农贸市场存在的问题提出了以下应对对策及改进建议：

1. 增加资金投入，改善配套设施

对于长生桥农贸市场内部基础公共设施差的现象，投资商应该增加农贸市场的改造资金，当地政府也可以适当给予一定的资金支持，改善农贸市场的硬件设施条件，提高农贸市场的内部购物环境和卫生管理水平，保持良好的市场环境。当地可出台相关政策，适当降低租赁户的各项费用支出，还可采取减免税收等政策，构建与完善农业保护政策体系，减少经营者成本，吸引更多的经营者加入农贸市场，从而改变投入资金的流动方向，让更多资金投入农贸市场。

2. 完善管理制度，加强执行力度

农贸市场内大部分的不良经营行为都是市场的管理机制不完善、管理力度不够强造成的。因此建立完善、严格的市场管理制度是当务之急，辅之建立市场内部分区管理实名制，将市场划分为不同的区域，每组管理人员负责管理一个区域的全部事项，对于各个区域不合理的行为、现象，如违规摆放、恶劣经营等，实行统一的惩罚机制。对于像活禽区、水产区等对卫生质量水平要求高的区域，则应提高管理标准，严格整顿不卫生经营，投入更多的财力和人力，积极有效地解决市场脏、乱、差等问题。另外，应加强农业龙头企业产品质量安全控制，政府及其职能部门应进行依法监管，企业自身也应增强自律意识。

3. 加强市场监测，提高预警分析能力

应提高农产品市场监测和预警分析能力，重视负向信息的影响。依托农业宏观经济，农产品产前、产中及产后等方面的业务数据库，有针对性地整合预警信息资源，及时发现农产品市场苗头性、趋势性和突发性问题。同时，我们应该重视农产品丰收、消费者购买欲望不强等负向信息，实施热点跟踪，提高对农产品市场异常变动的快速反应能力。

4. 建立评比机制，促进良性竞争

积极开展达标评比竞赛，可采用月评比、季评比、年度总评比等方式。获奖经营户不仅能得到荣誉牌匾，还可以得到市场物业管理的优惠待遇或奖金补助，这样能激发农贸市场内的经营者积极主动参与标准化管理活动，积极改善各自摊位的服务水平。同时，还要建立奖励监督机制，防止作弊和行贿行为的发生，鼓励经营者文明经营、良性竞争，营造良好的市场购物氛围。

5. 创新机制，相互学习

为了使长生桥农贸市场更加市场化，农贸市场的管理人员要不断学习周边标准化的农贸市场的管理机制和运行机制，取长补短，找到适合自己发展的道路。另外，要积极创新市场运行机制和管理机制，进一步推进农贸市场的设施改进和管理创新，努力营造一个环境整洁、服务周到、功能完善、市场繁荣的良好局面。要发挥农贸在市场中的先导作用，努力提供让消费者放心的安全农产品，为丰富人民群众的物质生活做出贡献。

参考文献

［1］郭永田，张蕙杰. 中国主要农产品生产与市场［M］. 北京：中国农业科学技术出版社，2013.

［2］刘芳，何中伟. 中国鲜活果蔬产品价格波动与形成机制研究［M］. 北京：中国农业出版社，2011.

［3］郑红军. 农产品质量安全控制综观研究［M］. 北京：人民出版社，2011.

［4］李延云. 农产品加工食品安全风险防范［M］. 北京：中国农业出版社，2012.

［5］石晓华，贾刚民，职明星. 农产品市场营销［M］. 北京：中国农业科学技术出版社，2014.

［6］李兴稼，刘瑞涵，李萍，郑春慧. 城郊农村如何搞好农产品贸易［M］. 北京：金盾出版社，2011.

［7］李静，韩斌. 中国农村市场化研究报告［M］. 北京：东方出版社，2011.

［8］陈满雄. 探索与飞跃：市场发挥决定性作用背景下的农村集体经济［M］. 长沙：湖南人民出版社，2015.

［9］刘锡荣，杜茂华. 城乡统筹的理论与实践——重庆市区县经济协调发展研究［M］. 成都：西南交通大学出版社，2010.

丰都县包鸾镇农贸市场发展研究

余红　程圆园　黄梓轩①

前言

乡镇农贸市场是为乡镇居民提供日常生活必需品的重要场所，建设管理好乡镇农贸市场既是一项"菜篮子"工程，又是一项民生工程。近年来，随着对"三农"问题的重视，乡镇农贸市场的发展也得到了极大的关注，农贸市场发展中存在的问题也日益凸显，特别是在这个不断发展前进的信息时代，农贸市场的发展出现了脱轨的现象。因此，为了给农贸市场的发展研究提供范例，本小组以重庆市丰都县包鸾镇农贸市场为研究对象，于 2015 年 5 月 1 日至 5 月 3 日对其进行了实地考察，并着重分析了市场的发展现状及发展中存在的问题，并针对问题提出了相关对策和建议，希望乡镇农贸市场能够适应时代，迎来更长远的发展。

一、乡镇农贸市场发展的意义

乡镇农贸市场建设是国家保障民生体系中的重要内容，搞好乡镇农贸市场建设，对维护人民群众的合法权益、促进农贸市场的健康发展以及提高乡镇自身形象等方面都有着十分重要的现实意义。具体而言，主要表现在以下两方面：

1. 有利于保障人民基本生活质量

即便现如今综合性超市已经可以提供蔬菜、家禽肉类等农产品销售服务，但由于价格或品种丰富程度等因素，综合性超市还是无法取代农贸市场在市民生活

---

① 作者余红、程圆园、黄梓轩均系重庆工商大学经济学院 2013 级经济学 1 班学生。

中的地位，农贸市场依然是农产品从农田到餐桌流程中最便捷、最经济的平台。由于乡镇经济发展水平略低，乡镇农贸市场对乡镇人民群众有着更加重要的现实意义。随着经济水平的不断发展，人民群众对生活必需品有了更高的要求，发展乡镇农贸市场将有利于保证生活必需品的供应质量、供应效率等，使人民的基本生活质量得到保障。

2. 市场建设是"新农村建设"、城乡统筹中重要的一环

乡镇农贸市场是农产品的销售终端，是农产品流通的重要渠道，在维护农村稳定、推动农业发展、促进农民增收方面起到了桥梁和纽带作用，是城乡经济联系中重要的齿轮。乡镇农贸市场规划、建设以及管理水平的提高，有利于保证乡镇的广大农民顺利销售农产品，增加家庭收入来源，刺激农民生产积极性，进一步促进农村生产方式和生产技术的改革，提高我国农业生产的效率，降低生产成本，增强农产品的竞争力，使农业能充分发挥重要的基础作用。

二、重庆市丰都县包鸾镇农贸市场发展现状

1. 市场基本情况描述

包鸾镇农贸市场位于重庆市丰都县包鸾镇，该镇全域之内有常住人口3万余人，下辖7个行政村共46个农业社，镇集内共有人口10 261人。农贸市场原直属于商业管理委员会，后经调解转交到居委会，由其全权负责管理。农贸市场距今最近的一次改建始于2009年6月，完成于2010年6月，此次改建不仅达到了扩建的目的，也使市场环境及各项基础设施得到完善。包鸾镇平均海拔750米，以浅丘低山槽坝地形为主，气候湿润，适宜农作物生长。包鸾镇农贸市场拥有正规摊位100个，门面15个，其中包括30个猪肉专区，正规经营户数有107户，能解决大约200人的就业问题。

2. 市场环境描述

（1）市场内部环境。

包鸾镇农贸市场为棚盖式市场，包含三个开放型进出口，场内有两条垂直的狭长通道，主干道宽5米。在赶集或者春节时，人流量急剧增加期间，极易发生拥挤、堵塞的情况。

在摊位布局上，大致可划分为正中、左侧、右侧三部分。农贸市场中部的摊位以长方体（100米×6米）的形式位居整个农贸市场的中心，横穿整个农贸市场，摊位平均长3米、宽1.5米，每8个摊位中间留有一条宽为1.5米的小道。摊位左侧为30个仅在赶集时开放的、主要以销售猪肉为主的专卖区，呈低矮仓库样式。右侧为15个普通经营门面。在商品分区上，中间的摊位以

蔬菜、熟食、水果等为主，两侧为肉类售卖区和生活用品区。在卫生监管方面，市场内日常保洁由居委会雇用的专门清洁工负责，频率为每天清扫一次，但并未配有公共垃圾筐。

（2）市场周边环境。

包鸾镇农贸市场位于整个包鸾镇聚集区的东南方，入镇的主干道旁并无专门的停车场。农贸市场附近有 4 家副食调料品店，2 家水产店，多家生活用品店。由于市场坐落在包鸾镇东南一角，离市场相对较远的居民会选择在临近的马路市场购买蔬菜。从某种程度上看，农贸市场因其位置偏远，服务半径小，辐射面积也较小。

3. 市场经营状况

（1）市场经营分区。

如图 1 所示，在整个农贸市场中，蔬菜类摊位数量所占比例为 46.7%，而表 1 中又显示，蔬菜类摊位中，88% 的摊位又属于非正规摊位（指大多仅在赶集或节日时节出现的直接在地上售卖的摊位），这说明了农贸市场中的蔬菜大部分来自于非正规摊位，这也正是乡镇农贸市场的一个特点。肉类、熟食类、水产类、水果、副食调料品等商品多在专门的正规摊位售卖。市场摊位分类及摊位分类数量分别如图 1、表 1 所示。

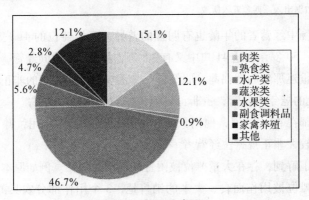

图 1　摊位分类图

资料来源：依据现场调研资料整理。

非正规摊位依据面积大小可划分为三类：较小摊位、一般摊位、较大摊位。较小的非正规摊位的摊主的平均收入大概是 10~30 元/天，经营的蔬菜种类普通且少。一般摊位的摊主的平均收入为 30~70 元/天，经营的品种较多。另外较大摊位的摊主与正规摊位的摊主类似，其经营的蔬菜主要由大棚种植和县城进货而来，有少部分蔬菜是自己种植的。

表 1   摊位分类数量表

名称	总摊位数（个）	正规摊位数（个）	非正规摊位数（个）	正规摊位占比（%）	非正规摊位占比（%）
肉类	16	16	0	100	0
熟食类	13	8	5	61.5	38.5
水产类	1	1	0	100	0
蔬菜类	50	6	44	12	88
水果类	6	4	2	66.7	33.3
副食调料品	5	3	2	60	40
家禽养殖	3	0	3	0	100
烟草	4	1	3	25	75
种子	5	1	4	20	80
农具	4	1	3	25	75
合计	107	41	66	38.3	61.7

资料来源：依据现场调研资料整理。

注：表中数据出入系四舍五入所致。

整个市场中经营者的年龄也有明显的差异，正规摊位的41户经营者的年龄大都在30~50岁，在这41户中又有30户是夫妻二人共同经管，许多经营者更是自市场重建那年起就在此专职经营。非正规摊位中较小的非正规摊位主要由60岁以上的老年人经营，占非正规摊位经营者的80%左右。一般摊位的摊主的年龄大都在40~50岁，他们只是挣取零用钱以补贴家用，并不像正规摊位经营者或较大非正规摊位经营者一样以此谋生。

我们还了解到，存在大量摊位被闲置和滥用的现象。例如原本设计的猪肉专区有5个摊位被用作面食、大米的销售地，3个用作部分农具的销售地，6个被用作摩托车、三轮车停靠地。蔬菜类摊位也有1/3被用作其他生活用品的销售地。此外还有8个摊位被闲置。市场中的经营门面也有近一半被闲置。

（2）市场消费者调查。

没有消费者就没有市场。此次消费者调查中，根据实际情况，分别对"平常天"和"赶集天"的农贸市场人流量进行调查，得到平时农贸市场人流量为100~200人次/天，赶集时农贸市场人流量为1 000~1 500人次/天。在调查的30位消费者中，有11位居住在镇上，15位居住在小镇周边，4位居住在边远山区。他们到农贸市场的频率分别为每天一次、三天一次和每月3~5次，可见距离越近，频率越高。其中居住在小镇上的居民对农贸市场的菜品、卫生、安全都十分不满意，他们理想中的农贸市场是更高水平层次的大型超市，而现状又与之相差甚远。居住在小镇周边及偏远地区的居民则对市场现状比较满意。

（3）市场典型经营户调查。

调查中共选定4户典型的经营者作为抽样调查对象，其中肉类熟食经营1户，正规蔬菜摊经营1户，副食调料品门面经营1户，地摊蔬菜经营1户，具体情况如表2所示（包鸾镇农贸市场租金为正规摊位30元/月，门面250元/月）。

表2   经营者基本情况表

经营品种	经营年期（年）	摊位月租金（元）	进货渠道	经营时间	对经营状况满意程度	对管理者满意程度	对市场环境满意程度
肉类熟食	5	280（1门面，1摊位）	现买、自制	每天6：00—20：00	不满意	满意	不满意
正规蔬菜	5	30（1摊位）	县城进货	每天6：00—20：00	不满意	满意	不满意
副食调料品	3	250（1门面）	县城进货	每天6：00—20：00	满意	满意	不满意
地摊蔬菜	（无固定）	0	自种	赶集时分多为上午	十分满意	十分满意	满意

资料来源：依据现场调研整理。

（4）市场管理调查。

农贸市场规划是否合理和管理措施的好坏与否很大程度上影响了整个农贸市场的运营效果。具体的调查内容可分为以下几个方面：

在管理范围方面，该农贸市场目前由当地居委会管理，但居委会的管理范围十分有限，目前仅局限于向经营户定期收取管理费、雇用清洁工定期清理垃圾以及在人流量大时派工作人员维持市场秩序等。

在卫生监管方面，居委会概不负责，全权交由安监办和当地卫生院负责，但实际上安监办和当地卫生院并未定期进行质量检查。

在税收方面，农贸市场对当地地方政府财政并无任何税收贡献，这是因为自免征农业税之后，县级税务局对各处次一级税务局进行了整顿合并，当地实质上已经没有专门管理税收的政府机关。

在就业方面，农贸市场除了解决了一些因有老人和小孩需要赡养和养育而无法外出打工的居民的就业问题，还在一定程度上解决了留守老人的再就业问题。

我们还了解到，因为前期规划不合理，农贸市场实质修建在人流量大的小区之中，政府无法参与市场的安全维护，所以市场并未修建大门，防盗设施极不健全，而政府也没有对农贸市场进行远期规划。有工作人员反映，农贸市场太过狭小，赶集时或春节期间拥挤不堪，但由于资金短缺，此问题迟迟无法得到解决。

三、包鸾镇农贸市场存在的问题

1. 没有规范的管理体系

由于农贸市场没有专门的管理部门，监管主体不统一，各项事务没有明确具体的管理部门，市场制度建设滞后，对市场中可能出现的问题没有制定相应的预案，丰都包鸾镇农贸市场发展基本处于自发无序的状态。工商部门原本是专门从事市场经营、管理的职能部门，但工商体制改革后，市场经营、管理的职能移交给了各级地方政府，而包鸾镇地方政府却将之下放给当地居委会。虽然农贸市场在名义上由居委会分管，但在实际管理过程中，由于居委会人员有限以及自身权限问题，其管理仅涉及卫生和收取摊位费。管理的缺失加剧了农贸市场经营秩序的混乱。

2. 市场设计欠缺合理性

农贸市场的产权归属于不同单位，各个单位在规划建设农贸市场时，大多只从自身利益出发，在选址和规模控制上没有考虑周边地区的实际情况，主观性、随意性和无序性问题十分突出。并且目前我国对农贸市场没有专门的规划指引，根本无力指导农贸市场具体布局规划和设计。在这种情况下，包鸾镇农贸市场的规划只能靠规划者的经验和主观判断。这种主观随意性直接造成农贸市场规划的不合理，影响了市场的经营效益。例如：农贸市场重建时，固有的选址问题没得到解决；偏离人流量大的镇中心，造成了许多马路市场的出现；出入口设置欠考虑，与周边道路不能很好衔接；没有考虑与市场内部设计的衔接，造成人流量分布不均，使得有些摊位鲜有人光顾；建设的摊位不能租出，不能充分利用经营场地。

3. 基础设施建设不完善

由于乡镇经济发展水平有限，乡镇农贸市场的基础设施本来就不完善，加之缺乏规范的管理，乡镇农贸市场基础设施问题更加突出。农贸市场中没有公共垃圾桶，各种垃圾堆积，加之排污设施落后，市场内外污水横流，这些都使得农贸市场的卫生问题更加突出。农贸市场外也没有专门的停车场，使得市场外的公路经常拥挤不堪。另外，市场早期设计没有考虑到照明、排水等设施，而是在市场运营过程中才补充追加。市场未修建大门，摊位、顶棚等也没有人定期维护，基础设施普遍破旧落后，这些都给人们留下了农贸市场档次低、规范性差的印象。

4. 马路市场问题严重

乡镇农贸市场的很多经营者都不是以在农贸市场摆摊为生，而是在农村从事农活，当家里有多余的菜品或者粮食时，才到农贸市场来售卖，所以他们不会长期租一个摊位。但是由于农贸市场位置偏离人流量大的镇中心，所以很多临时摊贩会在人流量大的公路旁边摆摊，造成交通拥挤，形成交通安全隐患。另外，即使是在农贸市场内摆摊售卖的摊贩，也经常占用农贸市场内的道路。因为居委会并不会对临时摊位进行收费，所以有的摊贩在占摆摊位置的时候会占很大一片区域，与其他摊贩进行不良竞争，造成公共资源的浪费。

5. 计量问题

计量在商品买卖中扮演的是杠杆、尺度的重要角色，目前包鸾镇农贸市场存在的计量问题主要分为两类。一是计量工具不合乎标准。包鸾镇农贸市场使用的计量器具多为杆秤和弹簧度盘秤，使用频率高，且管理不善，容易超周期，加上使用环境潮湿复杂，条件较差，使用者不善于保养维护，故计量工具使用效果不再精确有效。二是错误计量。商品售卖者追求自身利益最大化，有时会做出"短斤缺两"等不道德的行为，损害消费者利益，扰乱市场公平、公正的秩序。

6. 食品卫生质量监督问题

包鸾镇农贸市场环境卫生基本无人管理，质量检查也形同虚设。部分市场脏、乱、差的现象仍然严重，食品安全存在隐患。

四、针对现有问题的对策和建议

1. 规范市场管理

第一，根据农贸市场管理实际，对农贸市场监管的体制和机制进行完善，明确管理主体，及时调整各职能部门的监管职能，明确各部门的职责，建立行之有效的问责机制。

第二，对于露天市场、固定摊位、流动摊位等，要分别建立不同的管理法规与制度，明确相应的管理机构和人员。同时，建立健全监管执法体系，提升农贸市场监管执法的规范化水平，避免监管部门监管不善所造成的监管缺位和资源浪费，以及部门间互相推诿、无人为政的现象。

第三，春节前后是乡镇农贸市场人流量最大的时候，发生纠纷也最多，部门要组织好力量对农贸市场开展检查和巡逻，发现问题和纠纷应及时解决处理。

第四，规范管理现有市场，杜绝已建农贸市场挪作他用，对于已作他用的摊位等，应及时按原规划恢复其贸易功能。

2. 改善市场环境，完善基础设施

第一，充分利用好被滥用和闲置的摊位。部分被闲置的正规摊位可减少应收摊位费或免去固定摊位费，减少非正规摊位太多而堵塞道路的现象。可采取张贴告示、警告、罚款等方式，杜绝占用、滥用摊位的行为。

第二，进行合理的功能布局。内部进行功能布局应尽量将相同或相似的功能组织在一起，按照农产品大类、保鲜和卫生要求进行分区，同类型商品应在同一交易区内经营。

第三，派专人定期维护市场的摊位、顶棚等公共基础设施。应与小区负责人谈判商议，根据实际情况，在充分考虑交通、人流量、进出货渠道等各项因素的基础上，在三个出口中选择最恰当的一个修建大门，维护市场形象。

3. 加强法律建设

完善相关法律法规和规章制度，有助于明确农贸市场开办单位的市场主体地位，明晰农贸市场经营户应承担的法律责任与义务，这既是强化农贸市场监管的起点，也是解决农贸市场纠纷的依据。

4. 完善卫生管理

市场卫生情况的改善需要从政府和经营者两方面着手。

（1）政府方面。政府在布置一定数量的环卫设施和公共卫生间的同时，应设置市场公用有盖大型收集容器，用以收集垃圾和其他废弃物。及时清除场内的污水、垃圾和其他废弃物，保持场内干净整洁。雇用一定的环卫人员定时维护市场内的环境卫生。质检部门应切实落实工作，定时、定点做好检查。

（2）经营者方面。经营者应提升环保意识，做好自身工作。不乱扔垃圾，不将腐败、变质、过期的商品拿出来售卖。经营直接入口食品及熟食制品的，应有防尘、防蝇、防鼠设施和冷藏保鲜设备。

5. 解决计量问题

加强计量宣传力度，提高计量法制意识，开展经常性的计量执法检查和监督管理，进行定点、定期检定。计量法制宣传的重点对象是农贸市场的摊主，摊主作为乡镇农贸市场计量纠纷的主要矛盾一方，只有提高计量法制意识、遵守法律法规，乡镇农贸市场的计量工作才能顺利进行，计量纠纷才能减少。

6. 马路市场规范管理

对马路市场的管理，应在注重民生问题的前提下，从长远出发，制定周全、治"本"的管理措施。

一是采取适当的方式将马路市场经营者纳入社会保障体系，和正常就业人员一起享受社会保障服务，从而解决马路市场经营者因文化水平不高、社会地位低下而造成的生活陷入困境的问题。

二是增加市场内流动摊位的数量，降低市场内门面、摊位的经营费用，积极引导摊主进场、进店经营。

三是在场外设置临时摊点群，统一管理——本着不影响镇容、不影响群众生活秩序的原则，在临时摊点管理上划分行业、划分地点、划分时间。

参考文献

[1] 涂义美. 城区农贸市场政府监管研究 [D]. 湘潭：湘潭大学，2012.

[2] 朱燕鸣. 关于政府对农贸市场的价格监管的思考 [J]. 甘肃农业，2006（6）：61.

[3] 张婷婷. 食品安全规制：研究缘起、效率及展望 [J]. 生态经济，2013（05）.

[4] 贾幼陵，尹志浩. 中国农产品质量安全总体状况 [J]. 中国乡镇企业，2010（2）.

[5] 杨军. 浅谈农贸市场的改造 [J]. 甘肃农业，2005（02）.

[6] 郑风田，丁冬，毛薇. 食用农产品安全状况评价研究——兼论简单数值形式的食用农产品安全评价指数构建 [J]. 农产品质量与安全，2014（1）.

奉节县夔府等农贸市场发展研究

向姣　黄晓军①

　　本小组于 2015 年 1~7 月在重庆市奉节县内，采用问卷调查法对夔府第一市综合市场、赵家包市场、白帝农贸市场和汾河农贸市场进行了调研，发现奉节县县内各乡镇农贸市场规模不一，发展水平参差不齐，管理上也存在很大差别。奉节县乡镇农贸市场还有很大的完善空间。

一、市场基本情况描述

1. 市场名称及地址

（1）夔府第一市综合市场：重庆市奉节县夔府大道五金公司 1 楼、2 楼。

（2）赵家包农贸市场：重庆市奉节县宝塔坪白帝城风景区管委会旁。

（3）白帝农贸市场：重庆市奉节县白帝镇浣花一组。

（4）汾河农贸市场：重庆市奉节县汾河镇竹市坪。

2. 市场类型和规模

（1）类型。

夔府第一市综合市场属于室内市场；赵家包农贸市场属于室内市场；白帝农贸市场属于室内和露天相结合的市场；汾河农贸市场属于占道经营市场。

（2）规模。

①夔府第一市农贸市场。

类型：室内市场

建筑面积：3 500 平方米

摊位数：54 个

门面数：54 个

经营户数：54 户

---

① 作者向姣、黄晓军均系重庆工商大学 2012 级经济学专业学生。

市场从业人员数：112 人

没有固定摊位的临时在门口和路边摆摊的摊贩数：11 人

②赵家包农贸市场。

类型：室内市场

建筑面积：2 200 平方米

摊位数：23 个

门面数：21 个

经营户数：21 户

市场从业人员数：53 人

没有固定摊位的临时在门口和路边摆摊的摊贩数：7 人

③白帝农贸市场。

类型：室内市场、露天市场

建筑面积：1 600 平方米

摊位数：14 个

门面数：14 个

经营户数：13 户

市场从业人员数：30 人

没有固定摊位的临时在门口和路边摆摊的摊贩数：3 人

④汾河农贸市场。

类型：占道经营市场

建筑面积：700 平方米

摊位数：9 个

门面数：0 个

经营户数：9 户

市场从业人员数：15 人

没有固定摊位的临时在门口和路边摆摊的摊贩数：8 人

二、市场环境描述

1. 市场内部环境

（1）夔府第一市综合市场。市场设施较新，且不间断地进行设施维护和淘汰更新。摊位布局整齐，分区经营且分布合理，比如水果区远离生鲜活禽区，蔬菜区贴近干货区。通道设置合理，有多个出入口供消费者出入，在人流量大的时候也不曾出现拥堵情况。市场卫生状况有待改进，地面、墙体有黑色污垢，地面湿滑，容易摔倒，蔬菜区有腐烂气味，生鲜区有浓重的腥味。夔府第一市综合市场如图1所示。

图1 夔府第一市综合市场

（2）赵家包市场。该市场建于2012年，市场设施较新。市场分区经营，分布合理，但有占道经营现象。通道设置合理，正门宽敞。市场存在脏、乱、差的现象，地面杂物、垃圾较多，有难闻气味，卫生情况不尽如人意。

（3）白帝农贸市场。市场设施陈旧，两年内不曾更新。商品经营没有明确分区，但大体上做到了分类经营，分布不合理现象很明显。通道设置不合理，市场入口窄小，早高峰时易造成拥堵。市场卫生条件很差，下雨天时，地面有厚重的淤泥且无人清理，墙体有黑色污垢。市场内部有浓重的腐叶气味。

（4）汾河农贸市场。汾河农贸市场位于汾河镇一条公路的两侧，属于占道经营市场。除了有门面的商户外，市场内其余的摊贩一律在公路两侧摆摊经营，卫生条件很差，食品安全卫生得不到保障，整个市场处于无人管理状态。

2. 市场周边环境

（1）夔府第一市综合市场。市场周边有两条交通要道、多个出入口。交通便利，多路公交车可直达。周边商业主要以小商品批发、服装、餐饮、小五金、副食业为主。附近人口稠密，居民区众多。距最近的同类市场3 000米左右，规模相当。

（2）赵家包市场。赵家包市场有一南一北两条通道，出入便利。附近没有公交车经过，但大多数居民可在半小时内步行到达。周边商业以餐饮、副食业为主。

（3）白帝市场。白帝市场有两条通道，交通便利，多路客车可到达，但市场位于主干道一侧，市场占道经营现象阻碍了交通。周边商业以副食、餐饮、服装业为主。周围居民很多，他们大多数步行半小时可到达市场。附近没有同类型市场，只有小型超市，经营少量蔬菜、副食等。

（4）汾河农贸市场。汾河农贸市场位于汾河镇中心的交通干道上，来往大型车辆很多。市场属于占道经营，时常妨碍交通，极易造成短暂性交通拥堵，存在极大的安全隐患。周围商业并不发达，只有少量服装店、餐饮店和副食店。

三、市场经营状况

1. 市场经营分区

（1）夔府第一市综合市场分为蔬菜区、鲜肉区、熟食区、生鲜活禽区、水果区。

（2）赵家包农贸市场分区细致，分为干货区、豆制品区、鲜肉区、蔬菜区、生鲜区。

（3）白帝农贸市场没有明确分类标志，但大体上做到了分类经营。

（4）汾河农贸市场没有明显分区。

夔府第一市农贸市场摊位分布情况、各类型摊位所占比例情况分别如图2、图3所示；赵家包农贸市场摊位分布情况、各类型摊位所占比例情况分别如图4、图5所示；白帝农贸市场摊位分布情况、各类型摊位所占比例情况分别如图6、图7所示。

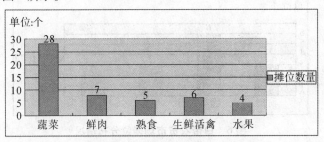

图2　夔府第一市农贸市场摊位分布情况

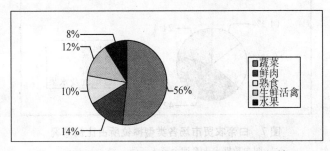

图3　夔府第一市农贸市场各类型摊位所占比例情况

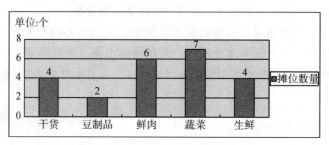

图4 赵家包农贸市场摊位分布情况

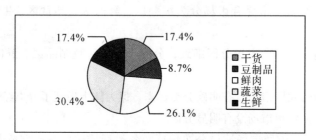

图5 赵家包农贸市场各类型摊位所占比例情况

注：图中数据出入系四舍五入所致。

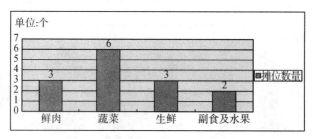

图6 白帝农贸市场摊位分布情况

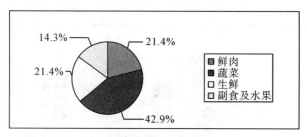

图7 白帝农贸市场各类型摊位所占比例情况

注：图中数据出入系四舍五入所致。

根据数据分析，不难发现奉节片区部分农贸市场普遍规模较小，夔府第一市农贸市场的规模相较其他市场更大。规模较大市场分类较清晰，区分明显，商品种类丰富齐全。而小市场中，常常有一家摊位销售多门类商品的现象，市场内部总体感觉杂乱无章。其中，汾河农贸市场为街边占道销售市场，市场内商品五花八门，分类不清晰。通过数据分析可知，蔬菜摊位所占比重较大，而且市场规模越大时，蔬菜摊位规模也越大。鲜肉、生鲜等摊位大概占到了所有摊位数量的20%，且无论市场规模大还是小，其规模基本不变。而水果、副食等摊位在某些市场根本未出现，发展并不理想。

　　2. 市场从业人员调查

　　夔府第一市农贸市场、赵家包农贸市场、白帝农贸市场各类型产品从业人员比例分别如图8、图9、图10所示。

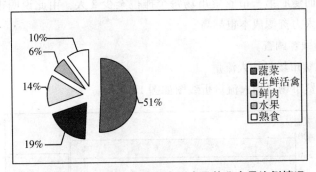

图8　夔府第一市农贸市场各类型产品从业人员比例情况

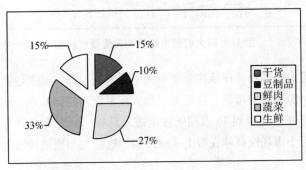

图9　赵家包农贸市场各类型产品从业人员比例情况

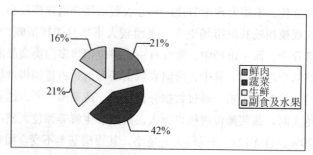

图10 白帝农贸市场各类型产品从业人员比例情况

由以上数据可以看出，市场规模越大，从业人员数量基数越大。其分布与摊位分布的比例呈正相关关系。小市场每个摊位从业人员大多为1人，最多不超过3人，而夔府第一市农贸市场每个摊位至少2人，由此说明市场规模越大，耗费的人力资源成本也越高。

3. 市场顾客调查

（1）农贸市场日均人流量。

四大农贸市场日均人流量折线图如图11所示。

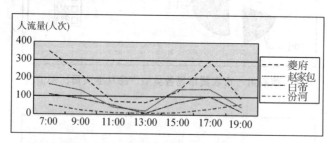

图11 四大农贸市场日均人流量折线图

市场规模由大到小排序依次是夔府第一市农贸市场、赵家包农贸市场、白帝农贸市场、汾河农贸市场。前三大市场人流量流动趋势基本一致，早上7点到9点是早高峰，11点到15点期间逐渐进入低谷，晚上5点到7点又是一个高峰。而汾河小市场晚高峰在晚上7点之后，这应当与当地居民上下班或生活习惯有关。

（2）消费者行为和满意度调查。

①农贸市场对消费者的满足程度。

四大市场对消费者的满足程度如图12至图15所示。

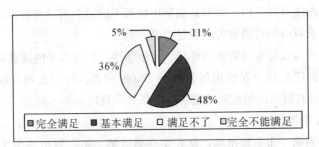

图 12　夔府第一市农贸市场对消费者的满足程度

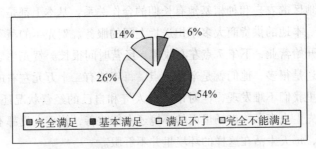

图 13　赵家包农贸市场对消费者的满足程度

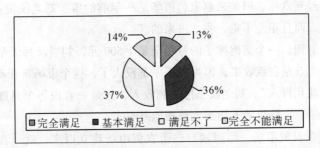

图 14　白帝农贸市场对消费者的满足程度

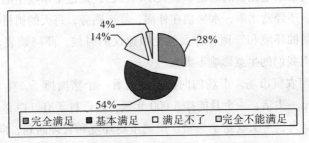

图 15　汾河农贸市场对消费者的满足程度

由以上四图可以看出，奉节县农贸市场都不能完全满足消费者的需求，位置越偏远的农贸市场对消费者的满足程度越低。

②消费者对农贸市场的购物环境、卫生条件、管理水平的满意程度。

笔者在调研的四个农贸市场发放了 200 份问卷，每个农贸市场都有超过 35%的顾客对农贸市场的购物环境、卫生条件、管理水平不满意。

4. 市场商户调查

（1）夔府第一市农贸市场。贺先生在夔府第一市农贸市场做生意已经 20 多年，拥有 6 个摊位，主要经营蔬菜批发和零售，他跟奉节本地和周边区县乃至湖北部分地区的农户和种植基地有长期的合作关系，基本上都是定期向这些合作方订货。本地的供货商大多承担送货上门的服务。贺先生的蔬菜摊一般早上 5 点半就开始营业，下午 7 点左右收摊，经营时间很长。贺先生表示，每天来买菜的人还是很多，他们就是辛苦一点，每年能有二十万元左右的收入。从贺先生的话里我们不难发现，他对市场的人气和自己的经营状况还是满意的。但是同时贺先生也表示，市场里面的环境还有待改善，管理人员都不太理睬这方面的事情，每天生活在这样的环境里并不舒服。

（2）赵家包农贸市场。刘老汉是赵家包农贸市场的一个猪肉贩子，从事这个职业已经五六年，但是来赵家包市场是一年前的事。刘老汉说："这个市场是新建的，而且租金不贵，我才过来的。"

我们了解到，一个猪肉摊子的月租金是 1 500 元，刘老汉每天早上 5 点开工，到下午 2 点左右就收工，因为"下午都没人了，这个市场新开不久，每天来买菜的也就几百人"。刘老汉不愿提到收入，只是一直说每个月赚不了什么钱，仅够开销。市场里的人境况大都跟他差不多。

（3）白帝农贸市场。薛阿姨自白帝农贸市场建立以来，就一直经营副食品。她最初只有一个摊位，现在已经有一个 50 平方米的门面了。对现在的经营现状，薛阿姨还是比较满意的，她表示自己已经是这个市场里的元老了。薛阿姨的副食店还经营水果，水果摆在外面，靠近路旁，每天的销量也挺好。当被问到对市场的环境和管理有什么意见和建议的时候，薛阿姨表示没什么意见，因为"对我们的生意影响不太大"。

（4）汾河农贸市场。市场的向师傅经营着一个猪肉摊子，生意好的时候一天可以卖出一头猪，一个月能挣 5 000 元钱。附近村子有红白喜事，也经常来他这儿买猪肉，一买就是半头猪。说到市场环境和管理问题，向师傅觉得，农村市场脏、乱、差没什么奇怪的，管理就更谈不上，因为整个市场处于无人管理状态。

5. 市场管理调查

在我们调研的四个农贸市场中，夔府第一市农贸市场和赵家包农贸市场属于民营性质的市场，设有办公室负责管理市场，但是他们所谓的"管理"都只停留在收取租金、审核摊贩资格的层面上，而在对消费者权益的维护方面，并不能起到应有的作用。白帝农贸市场隶属于白帝镇政府，并未设立专门的管理机构。汾河农贸市场处于无人管理状态，是自发形成的固定交易场所。由此可以看出，不论规模大小，农贸市场的管理水平存在极大差异，整体来说，市场都存在管理不到位的问题。

四、市场的优劣势和问题分析

1. 优势

（1）距居民点近，人流量大。调查问卷显示，在四个农贸市场中，消费者在 20 分钟内就能到达农贸市场的比例在 60% 以上，农贸市场有大量持续、稳定的客源。

（2）距原料产地近，且本地农产品居多，物流渠道畅通。乡镇农贸市场大多规模都不大，辐射范围也仅限周边社区或村镇，所以农贸市场是本地农产品的主要销售地。

（3）交通便利。农贸市场大多都位于交通主干道附近，交通便利。

2. 劣势

（1）市场管理无序或缺失。部分民营性质的农贸市场设有专门的管理机构，而国营农贸市场则处于无序状态，权责不明。

（2）产品质量保障体系不完善。农贸市场，尤其是处于偏远地区的农贸市场，所售商品大多没有卫生检疫证明。

（3）所售商品品种较为单一，不能完全满足消费者的需求。

（4）消费者的合法权益不能得到保障。农贸市场小商贩众多，容易出现缺斤短两的现象。

3. 机会

（1）发展生态农业，销售"新"农产品，增强体验文化。

（2）人民生活水平不断提高，带来了持续而强劲的购买力。

4. 威胁

（1）大型超市、社区超市的疯狂蔓延跟农贸市场抢夺消费者。

（2）电商巨头不遗余力地疏通乡镇物流体系，网购在农村地区也掀起了热潮。

五、针对奉节县农贸市场的建议

1. 政府履行好职能，做到权责分明，提高管理水平

农贸市场在居民的日常生活中扮演了重要的角色。农贸市场人口密集，自我管理能力较弱，要让整个市场处于运行顺畅、井然有序的状态，政府的作用是不可忽视的。

（1）国有农贸市场应建立专业的市场管理组织。建立管理组织是很有必要的，这样整个市场才不会处于无序的状态。政府应在监管中起领头羊的作用，相关部门积极参与，成立一个专业的市场管理组织，有统一、独立、权威的监管机构制定完善的、切合实际的农贸市场管理机制。要努力让国营农贸市场成为全国乡镇农贸市场的模范代表，带领各地乡镇私营农贸市场积极健康地发展。

（2）政府发挥好行政职能，加大对乡镇农贸市场卫生防疫工作的投入，同时加强产品质量的检测工作。环境卫生一向是农贸市场的短板，政府有责任和义务让消费者买得放心、吃得舒心。

政府应当根据市场规模大小，以补贴、奖励等方式为农贸市场提供卫生防疫设备。此外，还应建立卫生监督与防疫基础站，实时监控市场卫生，做好市场清洁，给消费者一个干净舒适的消费环境，给体验者一个安全可靠的购物平台。

（3）加大对农贸市场建设的投资。乡镇农贸市场规模大小、经营水平、供应能力参差不齐，所以应该加大对农贸市场的投资力度，促进乡镇农贸市场健康、有序地发展。

2. 农贸市场提高自身管理水平

（1）合理设置市场分区。清晰明确地划分商品种类，将蔬菜、鲜肉、生鲜、豆制品、副食、粮油等品种分区进行售卖。

（2）合理设置购物通道。

（3）建立消费者权益保护制度。要让消费者在权益方面得到最大限度的保护。

（4）积极配合监管机构，做好农贸市场的质量管理、卫生防疫等工作。

3. 建立体验式农贸市场

大多乡镇农贸市场只是一个提供商品交易的场所，市场杂乱无章，缺乏管理，给消费者的感觉就是脏、乱、差的集中代表，很多人不愿意前往农贸市场消费。应建议政府和企业加强这方面基础设施的建设，建立体验式农贸市场，把它打造成一个与购物中心、体检平台相似的舒适型、生动型市场。

六、乡镇农贸市场未来发展方向预测

1. 偏远地区乡镇农贸市场进一步发展，城乡农贸市场差距缩小

目前的情况是，偏远地区的乡镇农贸市场更像是自发性形成的交易场所，各个方面都很不完善，但其未来会向正规化市场发展，达到城市菜市场的水平。

2. 农贸市场进一步向超市转变

农贸市场一向给人脏、乱、差的印象，如今，不少超市已经下沉到社区，专门的社区超市也如雨后春笋般冒了出来，这一趋势还将持续加强，农贸市场也将转型成为超大型超市。

3. "互联网+"农贸市场

农贸市场可以跟互联网结合起来，消费者线上下单、线下提货，而市场变成一个体验场所，还可以为顾客提供个性化服务。

参考文献

[1] 金少胜. 沿海发达地区农贸市场超市化改造的研究——基于城市居民购买行为的分析 [D]. 杭州：浙江大学，2013.

[2] 王开锋，杨园园. 武汉市农贸市场的超市化问题研究 [D]. 北京：中国农业科学院，2012.

[3] 涂义美. 城区农贸市场政府监管研究 [D]. 湘潭：湘潭大学，2010.

[4] 愈田颖. 农贸市场选址研究 [D]. 苏州：苏州大学，2010.

垫江县桂溪镇北门农贸市场发展研究

刘欢①

前言

　　农贸市场指的是销售瓜果、蔬菜、水产品、肉类、粮油及其制品、豆制品、熟食、调味品、土特产等各类农产品且以零售经营方式为主的固定场所。农贸市场是 20 世纪 80 年代改革开放后逐渐形成的，其因经营自由、商品多样、买卖双方自由议价，同时管理制度逐渐建立等原因，逐渐取代了路边的临时小摊。农业部在 1988 年提出开展"菜篮子工程"，以解决中国当时副食品供应紧缺的问题。重庆作为西部最大的"菜篮子"基地，计划投入巨额财政资金实施"双百市场工程"，通过完善交易设施、改善交易环境来切实解决农产品"销售难"的问题，改善肉类品质，促进农民增收，促进农村的经济发展。十八届三中全会提出全面深化改革，改善并解决"三农"问题，所以农业改革是全面深化改革的重要组成部分，我们需要紧紧抓住农村发展的重大机遇，以改革为动力推动农村经济发展，采取更有力的措施深化农村改革，要在解决农贸市场的发展问题上切实地解决"三农"问题。

　　随着时代的发展与变迁，对农贸市场的管理不仅体现在食品安全和食品买卖上，人们也开始注重购物环境的舒适度，其中市场的规范化管理、市场的分区销售、环境卫生、市场内部和外部的管理、市场周边的街道是否通畅等都成为民众比较关心的问题。另外，农贸市场面临着新型零售业态的威胁，例如超市、便利店、购物中心、仓储式商场、无店铺销售等的威胁。已经有一些一线城市的农贸市场进行了转型。

---

① 作者刘欢系重庆工商大学 2013 级会展经济与管理专业 1 班学生。

关于农贸市场的市场管理方面的调研报告和有关书籍不多，深入调查某个具体的乡镇农贸市场的就更少了。学院为增强学生社会责任意识，让学生深入了解社会，提高他们的社会调研能力，组织了这次寒假社会调研活动。我小组于 2015 年 4 月选择了他们的垫江县桂溪镇北门农贸市场，对其进行了调研分析。我们主要考察市场的管理问题和市场的转型问题。

一、市场介绍

1. 北门农贸市场概况

垫江县桂溪镇分为东门、西门、南门、北门，其中北门农贸市场是垫江县桂溪镇的一个较大的综合性农贸市场，是桂溪镇除农贸批发市场外规模最大的综合性农贸交易市场（见图 1）。

有别于普通的菜市场和蔬菜、水果批发市场，北门农贸市场主要经营各类农产品以及加工品，包括蔬菜、水果、奶制品、豆制品、生鲜，以及各种干货和肉类的终端零售。该市场是国有的，由工商局管理，但近几年工商局采用管理外包的方式，将市场交给企业全权管理。市场位于重庆市垫江县工农北路282 号，成立于 1998 年，营业面积达 5 700 平方米，固定摊位有 279 个且利用率达百分之百，年末统计经营人员有 230 人，2012 年的交易总额达 1 200 万元人民币，2014 年的交易总额达 1 400 万元人民币。但现阶段市场由于管理等方面的问题，出现了室内大量经营商外迁的现象。

表 1 　　　　　　　　　　垫江县北门农贸市场基本情况

市场名称	地址	开业时间	类型	经营单位	营业面积（平方米）	摊位数（个）	经营户数（户）	市场从业人员（人）
重庆市垫江县北门农贸市场	重庆市垫江县桂溪镇工农北路 282 号	1998 年	室内市场	工商局	5 700	279	201	230

资料来源：根据调研资料整理。

2. 市场环境介绍

市场内部环境：市场内部空间较大，楼房采用中空式的结构，中间的过渡空间比较大，呈环绕式布局。市场修建于 1998 年，一直以来，设施没有太大的变化，墙面陈旧并有些脱落。市场分为三层，布局较为科学，进行分区管理，一楼为干货区、调料区、生鲜鱼类区、蔬菜区，二楼为肉类和凉菜区，三

图1　北门农贸市场

楼天子家私占据了半个楼层，三楼另一边则是市场管理办公室和一个老年健康体验中心。市场内部空间较大，出入口通道较宽，可容两辆三轮车同时通过，甚至在人流量较大的时候，通道也不拥挤。但一楼的地方无序地停有较多车辆，卫生较差，市场交易结束后，每天进行的卫生扫除也并不彻底。

北门农贸市场位于桂溪镇工农北路旁，市场外面是马路菜市场、水果市场和烧烤摊位，它们占据着马路的一部分。上午和下午买菜高峰期时，车流量较大，农贸市场周围出现拥堵情况。垫江论坛上不少网友调侃汽车占道情况比较严重，居民也反映车流、人流混杂，车辆随意停靠，且地摊占据道路，导致交通拥堵。农贸市场的外围市场如图2所示。周围居民住宅密集，居民小区有北部新城、金地嘉苑、时代花园、明军山庄等，其中幼儿园也离市场比较近。街道两旁是各种商铺，烟酒副食、蛋糕店、汽修、旅馆、茶馆开得如火如荼。新世纪超市离北门农贸市场不远，但因该超市整体规模较小，经营蔬菜、生鲜、肉类品等品种的较少，只占据小部分市场份额。

图2　外围市场环境

3. 市场内部布局

北门农贸市场经营各类农产品，蔬菜、水果、豆制品、大米等占据了整个一楼的1/3。一楼的干货区品种丰富，共有4家店面，售卖日常干面食、面粉、各种酱类品。生鲜以活鱼为主，也在一楼售卖。二楼售卖肉类及其肉制品，新鲜猪肉经营区范围较大，禽类有活的鸡、鸭，也有卤肉、烤肉。

二、调研过程

1. 对消费者进行问卷访问

我们采取问卷访问的形式进行数据搜集。我们提前将调研所用的调查问卷打印出20份，第一次调研访问是在2015年2月27日下午5点，时间稍微有点晚，街上人群稀疏。第二次调研访问于2015年3月2日上午10点左右开展，这时正是老百姓买菜的高峰期，再加上春节期间大量务工人员返乡，市场的人流量和车流量也达到了高峰，街道上车辆的停靠已经非常困难。我们采用随机抽查的方式进行访问，以不同年龄和性别为访问对象。

表2　　　　　　　乡镇农贸市场消费者访谈调查表

问题	回答		问题	回答	
市场摊位布局是否合理	合理:7人 一般:1人	不合理:12人	对卫生和经营秩序是否满意	满意:4人	不满意:16人
对农产品是否放心	放心:15人	不放心:5人	对马路市场是否满意	满意:1人	不满意:19人
来市场的频率及时间	1~3次:14 1~10分钟:16人	4~7次:6人 10分钟以上:4人	可由超市代替吗	可以:15人	不可以:5人
农贸市场与超市买菜比较	农贸市场:品种多、菜品新鲜、价格较便宜、离家近	超市:干净整洁	对商品结构、价格、管理满意吗	满意:16人	不满意:4人
交通工具	步行:15人 公交车:2人	自行车:2人 开车:1人	对政府的整体管理满意吗	满意:8人	不满意:12人
设施是否符合市场发展	符合:7人	不符合:13人	建议	改善卫生、规范马路市场、合理规划摊位	打击非法经营、杜绝哄抬价格

资料来源:依据现场调研资料整理。

上面的结果显示，居民对市场的摊位布局满意度较低，大多数人提出摊位布局不太合理的问题，希望市场的管理者进行规范管理。农贸市场的农产品比较令人满意，大多数居民十分放心。从来市场的频率和时间来看，消费者大多是附近的居民，步行买菜的人比较多。人们也更加倾向于去农贸市场买菜，因为农贸市场销售的菜品比较新鲜，且价格便宜、品种繁多，可供选择比较多，而超市的优势就在于整体管理更加科学，周围环境干净整洁。北门农贸市场的场地设施已经有了年代色彩，布局不太合理，当初建设该市场时缺乏长远的规划，导致市场跟不上时代发展的步伐。人们对市场的卫生、商品结构、商品价格也不满意，马路市场的管理欠缺也引起了人们的不满。

2. 对经营者进行访问调查

我们就以下问题对经营者进行了调研。（1）市场经营的年摊位费是多少，是否交税？（2）销售的商品价格和经营状况。（3）对市场管理是否满意以及对市场的意见和建议。（4）是否支持市场改造，比如农改超计划等。我们对三个经营户进行了访问调查，他们分别从事鲜牛肉经营、菌类零售、活鱼零售。调查结果如表3所示。

表3　　　　　　　　　经营户经营状况访问调查统计表

调查问题 ＼ 经营户类	鲜牛肉经营户	菌类零售户	活鱼零售户
调查对象特征	中年妇女	老人	中年夫妇
年摊位费（元）	5 000	2 500	20 000（门市）
是否缴纳税费	不交税	不交税	不交税
商品单价（元/斤）	30	4.5	5
今年经营状况	经营状况堪忧，今年冻牛肉挤占了牛肉市场，7户合伙经营户3天分利10元	经营状况良好，没有什么特别变化	经营状况一般，主要是分时间。2月、3月经营状况很好，其余月份稍差
对市场卫生是否满意	不满意	较为满意	不满意
对市场管理是否满意	不满意	较为满意	较满意
是否支持市场改造（如农改超）	不支持	不支持	支持
对市场的意见	外围市场抢占市场、卫生比较差、管理部门缺乏管理	没啥特别意见，毕竟市场太大，难以管理	卫生问题突出

调查问题＼经营户类	鲜牛肉经营户	菌类零售户	活鱼零售户
对市场的建议	整顿外围市场、特别要注意卫生管理	管理上应该做得更好	加强卫生管理

资料来源：依据现场调研资料整理。

根据统计表分析可得，经营户对市场的管理不满意的占 2/3，从访谈的过程我们可以得知，经营户会受到外围市场的影响，主要是外围市场的摊位费总的来说比室内市场低，外围市场较为活跃，大多人都在外围市场进行商品交易，使得多数经营户从室内迁向外围市场。同时，管理部门在管理上出现问题，市场的脏、乱、差现象较为严重。经营户同意对本市场进行管理上的改变，但不太支持整个市场的经营方式的改革。

3. 对管理人员进行访问调查

小组成员对管理人员进行了采访，如图 3 所示。

图3　小组成员对管理人员进行采访

这次采访进行得非常顺利，我们深入了解了三方面的信息：市场的历史、现状、规划。

改革开放后，为了满足居民各方面的需求，我国开始发展市场经济，由政府划拨土地、工商部门出资修建北门农贸市场。20 年已经过去，市场设施早已陈旧，市场管理问题也浮出水面，脏、乱、差等现象开始引发民众的不满。农贸市场的改造升级如今面临着巨大的问题，因市场经多年的管理后出现了有别于其他任何市场的问题。多年以前，部分摊位出售给私人，又有一部分摊位以出租的方式交给经营户管理，剩下的一部分摊位才归工商管理部门管辖，而工商部门又采取对外承包模式管理，现在接手管理的是重庆飞腾市场发展有限公司。该公司正在着手设计新的市场格局，准备投资几百万打造一个综合性的新型农贸市场，市场将不再是单一化的市场。市场规划图景如图4、图5所示。

图4　市场规划图景1

图5　市场规划图景2

三、市场 SWOT 分析

1. 市场优势（S）

（1）内部优势：绿色消费深入人心，价格公道、自由议价。

市场内日常生活用品一应俱全。近几年来，绿色消费、绿色出行、低碳行动等绿色生活理念深入人心，在商品极度膨胀的时代，人们更加关心的是食物的安全性和新鲜程度。市场中不少商贩都是农民，自己种菜、卖菜，买菜的居民更容易接受纯天然的绿色蔬菜。商品买卖中，不少消费者更青睐传统的讨价还价。农贸市场相同产品的价格比超市更加低廉。新型业态"超市"的经营范围更大，其不仅有农贸市场有的蔬菜、水果、肉类等，还有生活用具，如洗浴用品、衣帽鞋袜、体育用品、文具用品、化妆品、各种零食等。

（2）外部优势：地段优势、竞争优势。

北门农贸市场周边商业发达，人们在逛街之余就能顺便把菜买回家。市场地处闹市，周边居民住宅多，北门农贸市场是居民购买蔬菜的最近场所，大多数居民步行十几分钟便能到达。多数居民在幼儿园接送孩子后，就近选择市场购买商品。超市相对来说距离稍远，再加上附近超市的规模太小，居民的生活需求无法得到满足。

2. 市场劣势（W）

（1）摊位布局不合理，管理不到位。

市场建立早期缺乏长远性考虑，导致摊位布局随意。摊位分区不明显，一楼门市有干货、各类佐料制品、生鲜鱼类、蔬菜、各类卤菜等，二楼也有肉类食品，如牛肉、猪肉、鸡、鸭、鹅等禽类。三楼一边是干货、衣物类批发，另一边基本不售卖任何商品。市场分区不合理主要体现在一楼和二楼，导致消费者没有一体化的购物体验。

（2）市场投入不足，年久失修。

市场运营多年，设施设备已经陈旧，墙面有些脱落，地面泥垢沉积，电源线也已老化，这些问题均表明市场建筑已经跟不上时代的发展，在美观整洁上直接影响了市场的整体形象。相比超市干净明亮整洁的场内环境，市场昏暗的氛围更是破坏了消费者的购物心情。

（3）市场内部脏、乱、差现象普遍。

地面沉积着深深的泥垢，摊贩们随意摆放商品。市场面积比较大，清洁人员数量有限，导致垃圾清理不及时，环境污染严重。遇到较闷热的天气，市场容易散发异味，引来蚊虫。

（4）排污系统较差。

每到暴雨天，市场地下管道排水能力有限，污水直接冒出地面，臭气熏天。

（5）市场特殊的经营管理方式。

摊位归属权分散，管理出现较大的问题。

（6）外围马路市场混乱。

马路菜市场之所以存在，是因为市场收费低，基本上不收摊位费，故商品也比较便宜，受到居民的青睐。同样，马路菜市场存在着极大的问题：

第一，市场布局不合理，占据了马路上车辆停靠的位置，引起了交通拥堵。

第二，商贩整体素质不高，占道问题严重，商贩之间也存在矛盾。

第三，政府缺乏对市场的监管，导致脏、乱、差现象严重。

3. 机遇（O）

农贸市场的大力发展归功于改革开放后国家对解决民生问题的重视，政府对农民"销售难"问题的解决措施，让农产品的终端零售业首先以市场的形式形成自由买卖。2009 年，财务部、商务部、农业部决定在吉林、浙江、山东、重庆、四川、湖南、贵州等 15 个地区设立"农超对接"试点。同时，政府加强管理，继续实施惠农政策。目前，"农改超"项目已经在一些一线城市普遍实施，取得一定的成果，农贸市场的改革升级已经成为一种新的形式。在经济方面，重庆在西南地区有着举足轻重的地位。由于现阶段北门农贸市场的年营运额只有 20 万~30 万元人民币，为达到年营运额 300 万元左右，政府还将大力支持农贸市场的升级改造，改善居民的购物条件，考虑经营商和消费者的综合利益，顺应时代的发展趋势。北门农贸市场同样面临着这样难得的机会，正在着手策划市场的升级改造。

4. 威胁（T）

市场在面临机遇的同时，也面临着诸多挑战，其中市场面临的主要问题有三个，一是市场摊位的归属不统一的问题，现阶段的摊位归属分为三部分。二是政府是否大力支持改造。三是资金问题。市场的改造需要进行长远的考虑，要结合时代发展特点，拉动乡镇农产品零售业发展。

四、发展对策

问卷访问结果表明，现阶段北门农贸市场的消费者主要是离此地不远的居民，80% 的消费者一般步行 10 分钟就能到达。消费者到市场的频率大多为每周 1~3 次。通过对经营者的访问我们可以得知，目前市场的经营已经有困难。管理部门表示，现阶段的管理确实存在着诸多问题。在此基础上，我们提出六点对策。

1. 工商部门统一购买已经出售或者出租的摊位

因为市场摊位的归属权的问题，管理公司在现阶段管理得非常吃力。市场内部的摊贩由于外围市场的竞争，已经逐渐退出市场，转而在外围市场经营或者直接转行。加上外围市场不收取摊位费，只有特定的门面才收取门面费，市场的管理部门现在只能以少收或者延迟收摊位费的方式留住市场经营户，即便这样，也只能暂时勉强维持市场的经营。所以，市场改革的第一步就是要统一摊位的管理权，只有统一管理才能解决管理不善的问题。

2. 市场翻新或重建，更新设备

调查统计数据显示，40%的消费者认为市场的设备有些陈旧，没能跟上时代的发展，需要进行更新。要想为消费者打造一个良好的购物环境，更新设备是必要的，当然更新的费用会是一笔不小的开支，需要政府在财政上给予支持。应科学考察市场建筑的现状，再决定是翻修还是重建市场。各种设施设备应及时更新，给居民带来更多更舒适的体验。

3. 市场合理分区

第一，在市场成功合理规划的基础上，对市场进行合理的分区。具体操作应考虑商品的特点，再做出合理科学的规划。

第二，北门市场的面积较大，可以考虑是否在合理分区的基础上引入大型的超市或者较大型的便民市场等，从而提高市场的活跃度。

4. 整顿外围市场，规范管理

外围市场的最大优势便是不收任何摊位费，吸引了大量的乡下菜农和市场内部的经营户。

为加强马路市场标准化管理，我们提出两点建议。（1）重新规划马路市场的布局，划分合理区域进行买卖活动。政府部门应该考虑便民的原则，结合城乡统筹规划、土地资源的规划，为市场外围的马路市场划分合理区域，依法取消马路市场的不规范买卖活动，还以马路整洁、畅通的局面，方便民众和车辆出行。（2）制定规章制度，完善管理机制，提高管理人员素质，具体应从两个方面来做。第一，加强卫生管理。按照国家环境卫生部的要求，保持市场的卫生，保证地面墙面洁净，无各种因卫生问题引发的臭味或异味。第二，加强经营管理，包括对食品卫生、价格等的管理。禁止食品过期、腐烂、不达标就进行销售，严厉打击假冒伪劣产品。严禁摊贩哄抬价格、进行价格欺诈的行为。

5. 加强卫生管理

乡镇农贸市场在卫生管理上不够完善，虽然70%的消费者对于北门农贸市场的卫生管理是比较满意的，市场还是存在一定的问题。农贸市场内部有活禽，如鸡、鸭、鹅这些，在粪便长期没清理的时候容易散发异味。环卫工人和市场内部的清洁人员应及时将垃圾清理，以保持市场内部干净整洁。

6. 建立现代化科学的企业管理制度

基于北门农贸市场的特殊的外包管理制度，应该建立完善、科学的企业管理制度，以优质的管理服务于民众。农贸市场带有公益性和营利性，是地方政府财政税收的一部分来源。政府的管理整体上赢得了40%的消费者的认可，还有60%的消费者认为政府在市场管理上有些疏漏。政府可以在宏观的把控下进行微观管理，对市场经营资格、卫生监管、物价的高低、农产品的检疫等过程严格把关，做到各个部门紧密配合。由政府牵好头，让经营户在行政执法和制度管理下逐渐形成自律管理。

参考文献

［1］刘庞芳，石剑英，李军. 农贸市场与超市农产品价格形成特征的比较分析［J］. 北京农业，2008（5）.

［2］于淑娟. 超市替代农贸市场的市场机制策略［J］. 技术经济，2004（5）.

［3］王宇，武拉平. 城市农贸市场运行机制及"农改超"前景［J］. 农业消费展望，2010（8）.

［4］陈智雯. 马路菜市场标准化管理问题研究［J］. 产业与科技论坛，2013（2）.

莲花、鱼洞农贸市场发展研究

彭子芮　江凤①

前言

随着当前社会经济的快速发展、产业结构的不断调整，市场发生着日新月异的变化。在很长的时间内，农贸市场在城市里发挥着独特的作用，在城镇、市郊等区域更是发挥了主导作用，有着不可替代的地位。为了了解农贸市场的发展，我们于 2015 年 2 月对乡镇农贸市场进行了一系列的调研活动。经过多次筛选，我们将调研地点定在位于重庆市巴南区的莲花农贸市场，通过对其进行调查分析，进而了解农贸市场的发展。

一、市场基本情况描述

莲花农贸市场属民营性质的农贸市场，成立时间很早，在 1999 年就已初具规模。莲花农贸市场占地面积为 3 750 平方米，有固定摊位 128 个，商业门面有近 3 000 平方米。该农贸市场是室内市场，总共有三层，一楼为综合农贸市场，二楼为酒楼，三楼为宾馆。这个有着三层规模的农贸市场，经营户达180 户，人数近 300 人。市场的门口和街道上也有着零散的小商贩卖少量水果和蔬菜。在此次调查中，我们还调查了离莲花农贸市场不远的鱼洞农贸市场，与之相比，鱼洞农贸市场在管理和设施等方面远远不如莲花农贸市场。

二、市场环境描述

1. 市场内部环境

莲花农贸市场内部摊位布局整齐，每一个摊位都修葺过，看上去干净整洁。市

---

① 作者彭子芮系重庆工商大学 2013 级贸经 1 班学生；江凤系重庆工商大学 2013 级国贸 2 班学生。

场经营的货物有着明显的分区,如肉类区、蔬菜区、水产区……分布合理,方便顾客选购。市场内大部分区域的卫生状况都很好,市场内也有着许多醒目的标语,过道整洁平坦,市场的进出口四通八达。莲花农贸市场内部环境如图1所示。

图1 莲花农贸市场内部环境

2. 市场周边环境

走出农贸市场,在外围感受到的人流量、车流量并不是很大,但是市场外交通便利。距农贸市场不到200米处就有公交车站,多路公交车经过此处。市场临近轻轨2号线,同时辐射周边庆江、青江、铸钢、平山、轻机、专件6个分厂,以及庙石台、石子坪、秦家院3个居民点。且市场连接石马、新华、江津等城乡接合部,市场旁边50米处便是一个大的居民小区。莲花农贸市场外部环境如图2所示。

图2 莲花农贸市场外部环境

三、市场经营状况描述

1. 经营分区描述

莲花农贸市场至今已有近 30 年的历史，是巴南区较有影响力的农贸市场之一，周围的居民对其非常熟悉。市场经营区设有蔬菜区、水果区、肉类区、水产区、粮油区、干副及调味品区、日杂区，共有约 100 个摊位（此处所指摊位是一个户主拥有的总摊位数），每一个摊位大约有 1~2 名从业人员。

2. 市场顾客调查

我们分别在早上和下午对莲花农贸市场里的顾客进行了问卷调查，通过调查我们得到了一些数据。（1）该市场人流量为每天 500 人次左右，上午 9 点至 11 点达到人流量的高峰。（2）63.64% 的人去农贸市场的频率为每周 7 次以下，有 36.36% 的人则是 7~15 次/周，没有每周去 15 次以上的人（见图 3）。（3）为了解顾客对农贸市场的满意程度，我们就顾客对农贸市场网点布局和经营门面摊位布局的合理性，农贸市场出售的产品质量、种类和价格，农贸市场的环境卫生和经营秩序的满意程度，以及农贸市场周围的交通情况进行了调查。对于农贸市场网点布局和经营门面摊位布局的合理性，有 86.36% 的顾客认为其合理，13.64% 的人则认为不合理；对于农贸市场出售的产品质量，有 72.73% 的顾客对其表示放心，有 27.27% 的人对其质量表示怀疑；对于农贸市场出售的产品的种类和价格，有 22.73% 的顾客对其满意，77.27% 的顾客不满意；对于农贸市场的环境卫生和经营秩序，36.36% 的顾客对其表示满意，45.45% 的顾客认为其一般，13.64% 的顾客不满意；对于农贸市场周围的交通情况，59.1% 的顾客对其满意，36.36% 的人认为其一般，还有 4.55% 的人不满意。在调查中我们发现，有 17.18% 的顾客认为农贸市场卖的东西价格实惠，40.91% 的人认为市场里东西新鲜、品种多，41.91% 顾客认为在农贸市场购物方便省时（见图 4）。对于农贸市场和超市的发展，仅有 25% 的人认为超市会发展得更好，75% 的顾客更看好农贸市场的发展。

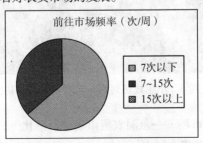

前往市场频率（次/周）

　　■ 7次以下
　　■ 7~15次
　　▨ 15次以上

图 3　顾客前往市场频率统计

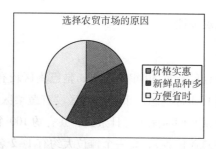

图4　顾客选择农贸市场的原因统计

资料来源：依据调研资料整理。

3. 典型经营户调查

除了对农贸市场的顾客进行调查，我们还对农贸市场的经营户进行了采访（见图5）。我们选择了卖蔬菜的经营户、卖干货的经营户和卖日杂的经营户。经过采访我们发现，基本上该市场的经营户都已做了接近20年的生意了，每个摊位（长1.2米，宽1米）的租金总体上是200~300元/月，门市租金是1 500~2 000元/月。各个经营户的经营种类不同使得他们的进货渠道也各不相同，比如卖蔬菜的人是从农民处进货，卖肉的人有的是在肉贩子处批发肉类，有的是在屠宰场直接买肉，卖豆腐的人则自己做豆腐……该农贸市场的经营时间是早上6点半到下午7点，不过有的经营者凌晨3点就开始忙活。在访谈中，经营者表示对经营中获得的收入比较满意，但是对市场环境和管理不太满意。

图5　小组成员对市场经营户进行采访

4. 与同类型农贸市场——鱼洞农贸市场进行对比

鱼洞农贸市场与莲花农贸市场一样，属于巴南区农贸市场。鱼洞农贸市场也是一个发展历史久远，成立于1995年的民营性质的农贸市场。鱼洞农贸市场如图 6 所示。

图 6　鱼洞农贸市场

通过将莲花农贸市场和鱼洞农贸市场进行对比后，我们得出五点结论。

（1）莲花农贸市场的实用市场面积小于鱼洞农贸市场，但莲花农贸市场整体布局显得更加合理，卫生方面也较鱼洞农贸市场更整洁。

（2）由于莲花市场位于一楼，鱼洞农贸市场则在地下，莲花农贸市场采光更好，更加明亮。

（3）莲花农贸市场所处位置并不如鱼洞农贸市场，外部没有商业圈，也并没有密集的居民点，人流量并不大。

（4）莲花农贸市场的商品品种没有鱼洞农贸市场多样化，但是市场内的分区很好，井井有条。

（5）调查中调研人员发现，莲花农贸市场比鱼洞农贸市场管理到位，办公点就位于市场二楼的一侧，方便管理人员与市场销售人员进行沟通，而鱼洞农贸市场在这一点上做得不好。

四、市场的优劣势和问题分析

1. 市场优势分析

（1）商品优势。农贸市场上销售的商品通常以各类时令蔬菜、瓜果、家畜、家禽、水产品、副食品（豆制品）等老百姓日常生活餐桌上必需的消费品为主，其主要特点就是生、鲜、活。商品种类丰富，能够满足老百姓的生活需求——老百姓有需求的菜基本都能选购到。每个摊位的经营者一般都按市场需求来组织货源，提供五六种商品供消费者选择，商品各具特色，应季商品多，经营者对自己每天能够卖出去的商品数量也能够大概做到心中有数。而超市里的同类商品从蔬菜采摘到净菜上市往往超过 24 小时，蔬菜的新鲜度自然比不过农贸市场，且花色品种也受制于批发市场菜源。

（2）价格优势。农贸市场"个体经营、一人一摊"的特征，理论上意味着农贸市场经营者可以自主确定商品价格，并相继进行灵活的调整。相比之下，超市的销售成本较高，因而在超市中销售的农产品的整体价格比农贸市场高，特别是一些容易发生损耗变质的农产品，销售价格则更高。销售价格较低使农贸市场处于有利位置，在调查中我们也发现，绝大部分的消费者对农贸市场商品价格比较满意。

（3）空间和时间上的优势。超市营业时间普遍没有农贸市场早，让一些习惯于早晨买菜的中老年人感到不便，而农贸市场开始营业的时间很早，方便顾客清晨选购。到农贸市场选购商品的顾客很大部分都是出于就近原则，市场离家较近，方便人们步行前往。农贸市场既为顾客提供了方便的购买场地，又节省了顾客的时间。

2. 市场劣势与问题分析

（1）监管不力，缺乏有效管理。农贸市场一方面是生鲜食品和日常生活用品的重要销售地，直接关系到人民群众的身体健康和消费安全；另一方面，农贸市场也可能是假冒伪劣商品和不健康食品的最集中的销售场所，何况目前多数市场还不具备食品、蔬菜检验检测条件，存在着极大的安全隐患。当前的农贸市场存在着一系列不规范、不文明、不道德的现象，一些商家可能为了自身利益而在价格、斤数上做一些文章，商品的质量更是良莠不齐。我们在调查中也发现，一部分消费者对市场内的商品并不是很放心。

（2）环境较嘈杂。由于农贸市场是由多个个体组成的，没有统一的价格标准，到市场购买商品的顾客会与商家讨价还价，使得购物环境较嘈杂。

（3）设施较陈旧。该农贸市场建立时间较早，市场内墙体较旧，甚至有脱落的现象。顶部房梁较高，灯光不够明显，因此很多商家都是自己安装灯泡。

（4）部分地区卫生较差。处于市场中间的菜摊、肉摊之间过道的卫生比较干净整洁，但在两边的门店和摊位的过道处，特别是水产区，卫生情况并不乐观，存在积水、乱放乱摆现象。

五、关于市场进一步改进的建议

当前我国经济处于高速发展时期，人民的需求不断增长，对生活品质的要求也不断提高。农贸市场在日常生活中发挥的作用不容小觑，其在搞活农产品流通、增加农民收入、丰富城市居民的"菜篮子"方面发挥了重要作用。但是，目前市场也实实在在存在着一系列难以突破的问题。随着人民生活水平和城市文明程度的提高，传统农贸市场的种种弊端日益暴露出来，对其进行改造和提升是大势所趋。农贸市场如何实现自我突破、如何取得进步和发展成为我们需要努力解决的问题。根据调查，我们对市场提出四点改进建议。

1. 提高卫生标准

农贸市场较超市来说，卫生方面一直都存在问题。对此，管理层可以提高市场内的卫生要求，制定出相关的规章和制度，也可以对卫生先进的个人和单位进行表彰和奖励，如给予优惠、发放奖状或证书等。这样一来，便可以提高商家的积极性和主动性，这对卫生的改善将有很大的帮助。

2. 提高管理能力

由于该市场是民营性质的市场，且创立时间较早，管理力度不够强。建议由经济发展局牵头，会同市场管理单位，对现有市场进行指导，如合理进行市场规划、合理设置摊位摊点、合理确定收费标准，从此来维护市场经营秩序。

3. 改善基础设施

应当为市场设计排水管道、照明线路，改善消防栓及其他消防设施，对脱落的墙体进行修缮处理。

4. 寻求合作，多方融资

面对目前农贸市场建设改造资金紧缺的难题，要调动各方投资农贸市场的积极性，拓宽市场建设资金来源的渠道。要积极争取农村农贸市场建设方面的立项，积极争取上级扶助资金。同时，建立多元化的投资体制，将招商引资与加快农村农贸市场建设两相结合起来，创新投资的渠道与形式，遵守"谁投资、谁管理、谁收益"的市场建设原则。

参考文献

［1］戴俊玉，黄和亮，陈耀庭. 不同零售环节的农产品价格形成机制比较——以农贸市场为例［J］. 商业时代，2014（12）：20-21.

［2］马云甫，杨军. 传统农贸市场改造的必要性、原则与模式［J］. 农村经济，2005（2）.

［3］郭基正，陈路红. 中心城区农贸市场的现状与管理建议［J］. 城建监察，2011（7）：26-27.

［4］永辉. 农贸市场的性质探究［J］. 中外企业家，2014（15）.

彭水县郁山镇昌盛农贸市场发展研究

钟玲玲　杨显娅①

前言

乡镇农贸市场是乡镇居民的"菜篮子"，涉及每家每户的日常生活。乡镇农贸市场经营的好坏，影响着农贸市场经营户及周边居民的生活质量，也对一个地区的社会和谐有较大的影响。了解农贸市场的运营模式及存在的问题有助于改进农贸市场的销售及购买环境，带动该地区的经济发展。本组于 2015 年 2 月和 5 月对彭水县郁山镇昌盛农贸市场进行了调研分析。

一、市场基本情况描述

郁山镇昌盛农贸市场始建于 1993 年，位于重庆市彭水县郁山镇太平巷 10 号，属于棚盖市场，占地面积 2 000 平方米，共有摊位 70 个，门面 26 个，经营户数 96 户，市场从业人员 172 人，无固定摊位的临时在路边设摊的摊贩大约有 40 人。市场以农副产品为主，兼营日用品、干副及调味品，绝大多数都是生活必需品，而且价格比城市商场中的同种商品便宜，适合农村消费水平相对较低的群体，满足了他们的消费需求。

没有固定摊位的临时在门口和路边摆摊的摊贩数如表 1 所示。

表 1　　　　没有固定摊位的临时在门口和路边摆摊的摊贩数统计

	赶场	不赶场
旺季	50~60 人	20~30 人
淡季	10~20 人	2~5 人

---

① 作者钟玲玲、杨显娅均系重庆工商大学 2012 级经济学 2 班学生。

二、市场环境描述

据本小组调查，郁山镇昌盛农贸市场自建立以来，基本上没有翻新过，究其原因，一是农贸市场的所有利益相关者想要节约成本，二是翻新装修会影响生意。昌盛农贸市场的摊位布局是比较合理的，肉类、蔬菜类、鱼类都是分区售卖。市场通道设置也比较合理，充分利用了有限的面积，平时基本上没有出现拥堵状况——除了大年三十之前半个月购置年货的人比较多，其余时间都不会出现拥堵情况。农贸市场的清洁是由专门的清洁工在每天下午各门市关门后进行打扫，每天打扫一次。农贸市场的墙面出现了黄斑，明显已经年久失修。市场设施也比较陈旧，很多门市部已经自掏腰包将门市部的电线、电表换过，也出现过一次卷帘门坏了的情况。

昌盛农贸市场周边有两条马路，但交通不是很便利，主要原因是原本郁山镇的道路就比较狭窄，再加上最近几年人们生活质量改善，拥有小轿车、摩托车的人明显增多，而市场又无规范的停车场，人们只好将车停放在路边。赶场时，人多车多，难免会出现拥堵情况，交通执法大队在赶场时对车辆实行了限行，拥堵情况稍微有改善。拥堵最严重的时期是大年三十的前半个月。农贸市场周边主要是一些小吃店、炊具店、饭馆、生活用品店、水果店，在距昌盛农贸市场50米处有一个服装自营市场。农贸市场周边的居民基本上是城镇居民，周边居住的人口数量大概是5 000人。昌盛综合农贸市场如图1所示。

图1　昌盛综合农贸市场

三、市场经营状况描述

1. 市场商品分区

昌盛农贸市场分为蔬菜干副混合经营、水果、肉类、水产、家禽、干副、日杂、熟食、蔬菜九个区，具体情况如表2、图2所示。

表2　　　　　　　　　市场商品分区基本情况

分类	蔬菜干副混合经营	水果	肉类	水产	家禽	干副	日杂	熟食	蔬菜
店面数（个）	8	2	28	2	3	7	3	41	2
比重（%）	8	2	29	2	3	7	3	43	2
从业人员（人）	16	3	56	4	6	7	4	73	3
比重（%）	9	2	33	2	3	4	2	42	2

注：表中数据出入系四舍五入所致。

资料来源：根据调研资料整理。

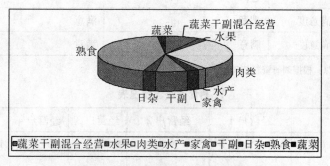

图2　市场不同经营种类所占比例

资料来源：根据调研资料整理。

2. 市场顾客调查

市场高峰时段是早上7点到11点，平均人流量是600人次/小时，11点后的平均人流量是100人次/小时。顾客来菜市场买菜的频率大概是2次/天，他们认为农贸市场的蔬菜普遍偏贵，其他的例如肉类、熟食等都还在能接受的范围内。但是郁山镇的超市没有销售蔬菜、水果、肉类、水产、熟食、家禽，所以昌盛农贸市场是居民买菜的唯一地点。当然，居民也可以从卖菜的农民处买菜，但是仅仅靠农民自己不成规模地种点小菜，数量、品种根本不能满足市场上居民们的需求，故居民大多数还是在农贸市场买菜。

3. 典型经营户调查

市场干副类、熟食类、肉类、蔬菜和干副混合类经营情况分别如表3、表4、表5、表6所示。

表3　　　　　　　　　　　**干副类经营情况表**

	经营户1	经营户2
经营年数（年）	7	10
摊位月租金（元）	5 000	5 000
经营品种	调味品、佐料、袋装食品	调味品、佐料、袋装食品
进货渠道	黔江副食批发部、彭水副食批发部	黔江副食批发部、彭水副食批发部
每天经营时间（小时）	9	9
人气满意度	较满意：同行业竞争大	较满意：同行业竞争大
经营满意度	不满意：店面过小，且无仓库	较满意
市场环境满意度	满意	满意
市场管理满意度	满意	满意

资料来源：根据调研资料整理。

表4　　　　　　　　　　　**熟食类经营情况表**

	经营户1	经营户2	经营户3	经营户4	经营户5
经营年数（年）	5	3	8	13	12
摊位月租金（元）	2 000	8 000	2 000	2 000	2 000
经营品种	凉菜	烤鸭、烧腊、各种冻货	米粉	豆腐、豆腐干	醪糟、三香
进货渠道	本地蔬菜与干副混合经营户	彭水冻货市场、本地肉类经营户	本地米店	彭水干货批发部	本地米店、肉类经营户
每天经营时间（小时）	9	10	8	10	10
人气满意度	满意	满意	满意	满意	满意
经营满意度	满意	满意	满意	满意	满意

表4(续)

	经营户 1	经营户 2	经营户 3	经营户 4	经营户 5
市场环境满意度	满意	满意	满意	满意	满意
市场管理满意度	满意	满意	满意	满意	满意

资料来源：根据调研资料整理。

表 5   肉类经营情况表

	经营户 1	经营户 2	经营户 3
经营年数（年）	5	8	15
摊位月租金（元）	4 000	4 000	4 000
经营品种	猪肉	猪肉	猪肉
进货渠道	农民养殖户	农民养殖户	农民养殖户
每天经营时间（小时）	9	9	9
人气满意度	满意	满意	满意
经营满意度	满意	满意	满意
市场环境满意度	较满意	较满意	较满意
市场管理满意度	不满意：经常与农贸市场附近居民闹矛盾，近年来有所改善	满意	较满意

资料来源：根据调研资料整理。

表 6   蔬菜类和干副混合类经营情况表

	经营户 1	经营户 2	经营户 3
经营年数（年）	5	7	12
摊位月租金（元）	13 000	8 000	6 000
经营品种	蔬菜、调味品、袋装食品	蔬菜、调味品、袋装食品	蔬菜、调味品、袋装食品
进货渠道	黔江批发菜市场、黔江副食批发、彭水副食批发	黔江批发菜市场、黔江副食批发、彭水副食批发	黔江批发菜市场、黔江副食批发、彭水副食批发
每天经营时间（小时）	13	13	12
人气满意度	满意	满意	满意

表6(续)

	经营户1	经营户2	经营户3
经营满意度	满意	满意	满意
市场环境满意度	不满意：很多设施老化、墙面脏	较满意：设施老化	满意
市场管理满意度	不满意：管理不人性、没有完全站在经营户的立场上考虑问题	较满意：还是为经营户考虑了的	满意：对流动摊贩的管理，切实保护了固定个体和摊贩的利益

资料来源：根据调研资料整理。

根据以上内容我们可以看出：

（1）同一个经营品种和不同经营品种之间的租金是有较大差异的。通过调研发现，造成这种租金差异的原因有三点：第一是门面的位置，在门口的最贵，往里走，依次以2 000元的差价递减；第二是有无仓库，比如蔬菜与干副混合经营的两家店，都处于农贸市场门口的位置，有仓库的和无仓库的租金每月相差5 000元；第三是门面的形式，像肉类经营户只是租固定的摊位，没有门面，所以他们付的租金也较其他经营户少。

（2）熟食类和肉类经营户占总体经营户的70%左右，占比比较大。其原因是：熟食类和肉类的摊位面积比较小，租金较少，且该类产品生产成本不高，回笼资金速度也快，就吸引了比较多的经营户。

（3）经营户们对市场的情况还是比较满意的，只有少数经营户在市场管理方面颇有微词。其原因是市场在管理上只侧重于市场内部管理，具体表现为规范市场交易秩序和交易行为、收取租金，而相对忽略了经营户与市场管理者共存共荣的鱼水关系。极少数市场管理人员素质较差，对商户态度蛮横，从而激化了矛盾，拉大了双方的距离。

4. 市场管理调查

郁山昌盛农贸市场是由三个人合资筹建的，由一个人主管市场的大小事务，收到的摊位费、门面费由三个人均分。市场带动了周边餐饮业的发展，在农贸市场门口的流动小吃摊位就有10个（见图3）。市场周边还有固定的面食店，这些店的主要顾客就是农贸市场的从业人员，因为从业人员每天工作时间长，早上和中午基本是叫外卖，只有下午饭是自己回家煮。

经营户的年经营额因经营品种不同也有差别。蔬菜和干副混合经营的经营户经营得好的一年的纯收入大概是12万元，经营状况较差的也有7万~8万元，熟食类经营户的纯收入大概是5万元，干副类经营户收入也有3万~4万

图3　农贸市场外的流动小吃摊

元。经营状况的好坏主要有两个影响因素，一是仓储条件，二是经营者的亲和度。据小组调查，无仓库的店面明显比有仓库的店面经营得差，究其原因，是没有足够的空间存储货物，导致一些货物供应不足，不能满足所有顾客的需求。亲和度高的人经营状况也比别人好，因为郁山是一个比较小的地方，常住人口有4.2万人，一般顾客都是找熟人或者自己认识的人购买商品。据小组调查，昌盛农贸市场的个体经营户是没有定期缴纳税费的，只是定期缴纳房租或摊位租金。无仓库的干副混合类经营户如图4所示。

图4　无仓库的干副混合类经营户

农贸市场目前存在的问题两个。一是对流动摊贩的管理。流动摊贩基本是郁山周边农村种菜的农民把自家盈余的菜拿到农贸市场卖，他们通常都是挑着菜篮叫卖，或者在农贸市场外面的马路上摆摊，形成马路市场。流动摊贩的售价基本比经营户低，对交着门面租金的经营户有一定的影响，但是因其不成规模，影响也不大。但是通常这些农民都是 50～60 岁的老年人，对交通没什么概念，尤其在赶场的时候，这些人会造成交通拥堵，管理人员去制止时经常会和他们吵起来，或者是管理人员走了之后，他们又回到了交通要道上继续叫卖，严重影响了交通。第二个问题是对经营户的管理。有固定门面的经营户通常都将自己的货物摆到道路上，将道路人为地变窄，对此，管理人员的管理效果不明显，这种现象仍长期存在。

一些经营户为了减少损耗，会将过期的食品继续进行售卖，损害了消费者的利益，对此，我们提出了一些改进的措施。要督促经营人员对货物采取"先进先出"的取放方式，对销售过期食品的商家进行罚款。2013 年，食品安全部门对农贸市场的食品安全进行了检查，重点就是对过期食品的检查。检查发现，每一家都存在销售过期食品的问题。很多商家自己都不知道自己的食品已过期，他们没有定期检查商品生产日期的意识。食品安全部门对销售过期食品的商家进行了 2 000 元的罚款，此后，这种情况有所改善，经营户也对食品的保质期有了一定的关注，但是销售过期产品的情况还是没有得到遏制，有些经营户还是在悄悄地以低于正常商品的价格进行售卖。对此，要提高经营户的素质以及认识，加强对食品安全的巡查，最重要的是要提高居民对食品安全的了解，毕竟没有人买也就没有人卖。

四、市场优势及劣势

1. 市场优势和积极意义

（1）没有规模较大的超市进行竞争，昌盛农贸市场成为郁山镇及其周边（包括芦塘、朱砂等地）居民的唯一的蔬菜、肉类购买地，促进了郁山经济的发展，提高了经营户的收入，方便了周边的居民。

（2）带动了一些资金较少、文化程度较低的居民在农贸市场周边摆起流动的小吃摊点，解决了一部分人的就业问题，还促进了周边餐饮店的发展，产生了集群效应。

（3）现今，居民生活水平提高，身处农村的年轻劳动力都外出打工，老年人也没有精力去经营自家的土地，再加上郁山玉泉新村的建设，土地变成了水泥马路，还有了广场、河堤，这一切使得村民只在农贸市场买菜吃。同时，市场上也少了玉泉新村的村民卖菜，这使农贸市场的蔬菜生意比前几年更红火。

2. 市场劣势和存在的问题

（1）马路市场较多。因土地、资金等方面的限制，许多没有固定摊位的小商贩将摊位自行设在农贸市场外的马路两旁，形成马路市场。农贸市场周边的马路本就比较狭窄，交通比较拥堵，马路市场的出现既影响交通，易发生事故，又极易出现严重的脏、乱、差的现象。城管对此现象屡禁不止，一些管理制度往往有名无实，究其原因，还是市场缺乏监督和奖励机制。马路市场不便于统一管理，加之场地有限，形不成集中的市场。

（2）市场主体发育不良。农贸市场的主体是农民及个体商户，其经济实力极为有限，虽然他们中间大多为农村季节性和永久性的剩余劳动力，但由于其本身文化素质不高、市场经济知识缺乏，再加上自我积累的资金少、融资能力差、掌握的信息有限，故很难对农贸市场的供求、价格、流向等做出准确的预测和判断，也无法采取正确的应对措施。农贸市场上许多农副产品不能做到产销直接见面，增加了流通环节。小商小贩是农贸市场的经营主体，经营人员基本上文化素质都不高，年龄偏大，大多都是 40~60 岁的中老年人，学习能力不强，对国家政策不甚了解，对食品安全问题没有很好的认识，认为赚了钱就万事大吉。比如，农贸市场的一家馒头豆浆店，他们将面粉之类的东西直接堆放在地上，而按规定，所有的食品都是要离地的，必须放在架子上。食品安全部门的相关人员来检查后责令经营户整改，经营户不能理解为什么要这么做，他们认为做了这么久的食品也没有出过问题，为什么还要多此一举，甚至食品安全部门的相关人员通知不整改就要罚款时，经营户还要对他们拳脚相向。此类事件的发生并不是偶然，大多数经营户都是这样想的，故不愿意配合食品安全部门。针对这种情况，最好的措施就是对经营户进行一次食品安全和国家相关政策的教育，使他们认识到食品安全的重要性。再就是缺斤少两的情况时有发生，我们问过 36 位顾客，其中 9 位都表示遇到过缺斤少两的情况，其余 27 个人表示不清楚。而缺斤少两情况最严重的是肉类产品，有两个人表示曾经被"坑"30 元钱左右。

（3）农产品质量问题。农贸市场销售的农产品缺乏质量监管，农药、激素等随意施用，致使多种有害物质残留。由于农贸市场以售卖生鲜农产品为主，销售场所的简陋与冷冻冷藏消毒杀菌设施的欠缺极易导致农产品的腐败变质。

（4）由于物流成本高，农贸市场的蔬菜、水果价格普遍较高。昌盛农贸市场的蔬菜都是在临县黔江区蔬菜批发市场进的货，由拉客的长安车运回郁山

（见图5），运费是按件计算，一件5元，成本大大提高，蔬菜价格也随之提高，消费者的需求也随之下降，让经营户们举步维艰。比如重庆超市只卖5角钱的萝卜，在郁山农贸市场却要卖到1.5元，价格是超市的3倍。怎样降低运输成本且降低批发部从中间提取的利润，是一个亟待解决的问题。经营户也只有寻找其他的蔬菜批发商来降低成本，比如去彭水蔬菜批发市场进货。

图5　蔬菜经营户从长安车上卸货

（5）干副经营户的货物仓储管理意识缺乏。干副经营户进货的原因是没有货了，或者是货物快没有了，货物存储摆放杂乱，没有条理，取出货物没有记录，经营户也经常忘记放在角落的货物，有时候货物过期了都不知道，只把刚进的货物给卖了，到年底清理的时候才发现压在角落的货物。还有一种情况是一种货物多进了，很久才能卖完，当然，直到货物过期都卖不完的现象也有。针对这种情况，要提高经营户的物流仓储管理意识，让他们利用有限的仓库，加速货物的运转。

干副经营户的仓库如图6所示。

图6　干副经营户的仓库

（6）来自本地农产品的竞争。在本地蔬菜丰收的季节，经营户相比当地农户来说根本没有竞争优势，当地农户无门面租金，无购买成本，其生产成本就是自己的劳动力和土地。农户售价低廉，低廉到甚至比经营户的进价还要低，这样的现实对蔬菜经营户是有一定的冲击的。

（7）鱼类市场的垄断经营情况。售卖鱼类的只有两家，据小组调查，一家的规模远比另外一家大，几乎是一家独大的情况，其已经在郁山的鱼市场形成了垄断，坐地起价，损害了消费者的利益。对此，解决办法是控制鱼的价格，以及培养另一家销售鱼类的经营户。据我们了解，另一家销售业绩不好是因为他们家没有大的养鱼池来养鱼，要控制垄断的现象就要提供场地修建鱼池，扩大这家经营户的规模。

（8）市场环境问题。郁山昌盛农贸市场的下水道修建不合理，有的地方是明渠排水，低洼地方易积水，排水口少，易拥堵，恶化了外部环境卫生。相比超市令人舒适的购物环境，农贸市场的环境相差甚远。

（9）农贸市场周围配套的基础设施建设薄弱，无停车场，再加上马路市场的出现，交通十分不便。

（10）门面建设不合理。大部分门面没有建设配套的仓库，在使用中存在储存货物与店面销售共用的现象。有一个经营户竟租用了一个单独的门面专门用作仓库，大大增加了成本。

五、关于市场进一步发展的建议

（1）针对各地马路市场较多的现状，可在一些交通要道两旁实行退路进场，设立带状农贸市场，解决流动商贩的去向问题，既充分发挥农贸市场的窗口作用和交通便利的优势，又可以大大减少交通堵塞现象。

（2）通过实行"产供销"等多种形式的纵向一体化，建立"菜园子"与"菜篮子"之间直供直销的对接机制。实现农副产品生产者、加工者和营销者之间的市场关系内部化，确保利润不外流，共同分担市场风险。以互联网为载体，及时更新供销信息，降低物流成本，从而降低农产品价格，扩大居民需求。实行销售合作的横向一体化，通过产销预约合同制来增加未来农副产品销售的稳定性，降低风险。

（3）针对农产品质量情况，可以模仿超市的监测方式。农贸市场可配备设备统一检测进场货物，制定食品进货环节中质量安全保障的检测措施，加大监测力度。肉制品、乳制品、水产品、家禽等食品进入市场交易前要通过安全检测，对于提供了不安全食品的货源供应基地，中心市场要备案并给其不良信用记录的警告和通报，直至取消其货源供应基地的资格。货物在储存配送区细分或净化后进入市场货架摊位，市场商品实行明码标价。政府有关部门也要对农产品质量情况进行监管，实施公正严明的惩罚制度，杜绝假冒伪劣产品进入市场流通。

（4）对缺斤少两的情况可以采取三个措施。首先，加强计量法制宣传，提高消费者的计量法治意识。其次，开展经常性的计量执法检查和监督管理。最后，加强引导，做好服务，着重提高经营人员的素质。

（5）完善农贸市场周边的基础配套设施，包括交通和排水系统。可在周边修建停车场（包括停靠自行车和小汽车不同车型的停车场），下水道也尽量采用暗渠或管道的方式，避免产生味道，影响消费者的购物体验。

（6）提高经营户的素质、食品安全意识、仓储物流意识，做到保质保量，以优质的商品、一流的服务、合理的价格、良好的信誉文明经商，充分满足广大消费者的需求，从而也确保自己获得满意的利润。

（7）吸引辖区居民投资入股。解决农贸市场建设的资金问题，改变市场购物环境，确保竞争的多元化格局。打破垄断，让入股的居民参与农贸市场的管理，这样居民不仅会学习法律知识，也会更热情地到自己投资的市场中购物，甚至为改进市场管理献计献策。形成多元利益主体共同参与、平等竞争的格局将有利于市场的可持续发展。

参考文献

［1］钟祺，高艳英.乡镇农贸市场的规划建设优化探讨——以临沂义堂镇农贸市场为例［J］.中外建筑，2014（11）：94-96.

［2］刘智超.农贸市场与农产品超市经营比较分析［J］.商业经济，2010（10）：14-16.

［3］李达元.丰都：乡镇农贸市场破解农产品销售难题［J］.农产品市场，2015（1）：42-43.

［4］蒋爱萍.我国城镇农贸市场发展存在的问题与建议［J］.企业研究，2011（14）：156-157.

［5］徐海燕，骆国城.乡镇农贸市场升级创新管理路径研究——以浙江为例［J］.中国市场，2012（35）：34-35.

［6］周代红.正面引导与加强监管相结合实现乡镇农贸市场计量工作根本好转［J］.计量与测试技术，2007（5）：52-53.

［7］何海军，武鹏鹏.农贸市场在农产品商贸流通体系中的地位再思考——以重庆市农贸市场为例［J］.市场论坛，2011（10）：42-43.

长寿区凤城菜市场发展研究

孙戈　张雪梅　李智　程波①

前言

一直以来，农贸市场都是关系到千家万户日常生活的重要商品市场。但是，现今农贸市场已经逐渐落后于人们的日常需要，农贸市场日渐萎缩，前景不容乐观。因此，对农贸市场进行调研，准确把握现阶段经济条件下农贸市场的发展及其限制因素，可以更好地满足人们的日常生活，同时帮助政府及其有关部门科学地制定相关政策，促进当前经济发展。本小组于 2015 年 5 月 5~15 日对重庆市长寿区凤城菜市场进行了调研，发现了一些问题并给出了一些建议，希望该菜市场能更好地发展。

一、市场基本情况

重庆市长寿区凤城菜市场位于长寿区凤园路 10 号，是一家民营菜市场，于 2001 年建立，占地 1 800 平方米，共拥有摊位 56 个，门面 12 个，市场从业人员共有 116 人，其中没有固定摊位的有 17 人，是长寿区一家比较小的民营菜市场，经营管理者为重庆渝鸿物业管理有限公司。

二、市场环境描述

1. 市场周边环境

凤城菜市场位于重庆市长寿区，交通较便利，周围有凤中公园（老儿童乐园）、凤城车站等重要建筑物，交通便利，有 109A、109B、203、102、104、

---

① 作者孙戈、张雪梅、李智、程波均系重庆工商大学 2013 级经济学专业 3 班学生。

105、106 路公交车经过，途经长寿火车北站、长寿古镇、圣天湖、江南农贸市场等长寿区内的主要站点，周边地理环境优越，商业环境优良，基础设施较为齐全。但由于城市道路比较窄，且没有较为大型的停车场，因此大多数购物者为凤城市场周边住户，而驾车前来采购者较少。由于缺少停车地点，大多数轿车停在道路两旁，造成本就较为拥堵的道路更加拥挤。至于周边商业布局，除凤城菜市场外，还有五金器材街、零售商城、大型百货超市等商业网点，加之地理位置位于长寿区繁华地段，商品品种多样，人流量较大。另外，凤城菜市场周围有大型广场，前来锻炼的人较多，给凤城菜市场带来了极大的市场。凤城菜市场如图 1 所示。

图 1　凤城菜市场

2. 市场内部环境

凤城菜市场内部环境一般，道路较窄，菜市场在人流量达到较高水平时比较拥堵，特别是早晨和傍晚人流量达到顶峰时更是如此。摊位布局较整齐，但仍有一些摊点较为杂乱。禽类摊点较少，容易形成卖方市场，不利于产品的正常竞争。市场内卫生状况较差，有难闻气味，同时地面较脏，有居民反映夏季菜市场周边气味难闻，曾因此发生过居民与管理公司之间的矛盾冲突。市场设施较落后，经营户反映菜市场管理公司物业管理较差，卫生主要由经营户自己打扫，对此，经营户对该菜市场的经营环境较为不满，呼吁经营管理公司对市场进行整改。

三、市场经营状况调查

1. 市场经营分区描述

凤城菜市场经营分区情况如表1、图2所示。

表1 凤城菜市场经营分区

经营分区	摊位（个）	所占比重（%）	店面（个）	所占比重（%）	经营人数（人）	所占比重（%）
水果区	7	11.9	1	11.1	9	7.8
蔬菜区	21	35.6			26	22.4
肉禽区	15	25.4	3	33.3	38	32.8
水产区	6	10.1	5	55.6	24	20.7
粮油区	3	5.1			7	6.0
日杂区	7	11.9			12	10.3
合计	59	100	9	100	116	100

注：表中数据出入系四舍五入所致。

资料来源：根据调研资料整理。

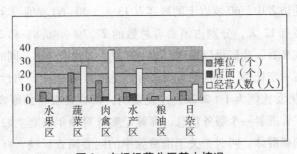

图2 市场经营分区基本情况

凤城菜市场主要有水果区、肉禽区、蔬菜区、水产区、粮油区和干副调味品区，其中水果类摊点有7个，占所有摊位的11.9%；店面1个，占所有店面的11.1%；从业人员9人，占所有从业人员的7.8%。水果类商铺大多独门独户，经营规模较小，人数较少。肉禽区共有摊位15个，全部为肉类摊点，占所有摊位的25.4%；拥有店面3个，其中1个为肉类店面，2个为禽类店面，分别占所有店面的11.1%和22.2%；肉禽类从业人员有38人，占所有从业人员数的32.8%，是所有经营区中人数最多的。蔬菜区是该菜市场摊位最多的经营区，共有21个摊位，26个营业人员，分别占所有摊位的35.6%和所有营业人员的 22.4%。所有蔬菜区基本上也是独门独户，且营业人员多为女性。至于水产区，共有 6 个摊点，占所有摊点的 10.1%；有店面 5 个，是所有营业区中店面最多的，占所有店面的 55.6%；营业人数有 24 人，占所有从业人数的 20.7%。粮油类共有 3 个摊点，7 个营业人员，是所有营业区中占比最少的，各占比重为 5.1% 和 6.0%。干副及调味品区中，有摊位 7 个，占所有营业摊位的 11.9%；共有 12 个营业人员，占所有营业人员的 10.3%。

2. 市场顾客调查

市场顾客基本情况如图 3 所示。

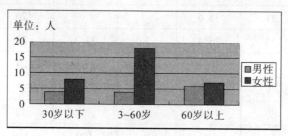

图 3　顾客基本情况

在凤城菜市场的顾客调查中，我们共发放了 50 份问卷，其中可用问卷 47 份。在所有受访者中，60 岁以上的顾客有 13 人，30~60 岁的顾客有 22 人，30 岁以下的顾客有 12 人，分别占消费者总数的 27.7%、46.8% 和 25.5%。从人口的年龄层次来看，我们可以发现，30~60 岁的消费者居多，同时，老年人和年轻人也占有一定比例。从性别方面来看，受访的 47 人中，男性有 14 人，女性有 33 人，男女比例为 1：2.36，这就说明，凤城菜市场的顾客多为中年妇女，这就给了管理者一个服务信息，那就是要针对中年家庭主妇的消费偏好，更好地面向消费群体。同时，关于消费频率的问卷调查反映，有 18 人每天来一次市场，有 15 人两天来一次，10 人三天来一次，还有 4 人不确定消费频率。而对市场满意度的调查显示，大多数消费者对该菜市场满意，大约占所有消费者的 66%；小部分人认为该菜市场菜品一般，大约占所有受访人数的 19%；还有一些消费者认为该菜市场并不能让他们满意，这部分消费者占所有消费者的 15% 左右（见图 4）。在对为什么在菜市场买菜的原因的调查中，我们发现，大约有 94% 的消费者认为农贸市场的菜更加新鲜，81% 的消费者认为菜市场的距离更近，同时也有相当一部分消费者认为农贸市场的菜品更加丰富多样，可供选择面更广，持有这种观点的消费者占所有消费者比重的 60%。还有 47% 的消费者表示农贸市场的菜更加便宜，可以节省生活开支。在农贸市场与超市的比较方面，94%的人认为超市的菜没有农贸市场的菜便宜，也没有农贸市场的菜新鲜，而还有一部分消费者认为超市的菜没有农贸市场的菜多，不方便选择，这些人占60%。同时，还有一小部分人表示由于工作原因需要大量的菜品（主要是从事餐饮行业的服务人员），而这些菜品不方便从超市购买，这些人大约占所有受调查人员的4%。而对菜市场客流量的调查显示，凤城菜市场由于较优良的地理位置和交通环境，加上周边住宅区的布局的影响，客流量还是比较大的，高峰期主要在早晨7点到10点，以及傍晚5点到7点。据初步估计，市场每天的客流量都在1 000人次以上，节假日可能会达到2 000~3 000人次。因此，尽管凤城菜市场的规模不大，但是其服务范围和服务人数还是相当可观的，可以说并不低于重庆市主城区的一些中小型菜市场。

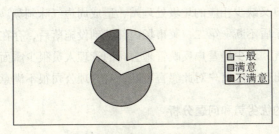

图4　市场顾客满意度调查

3. 典型经营户调查

在对一些典型经营户的调查中我们发现，大多数经营户已经从业10年以上，他们大多都是在凤城菜市场建立之初就已经在菜市场经营。摊位月租金方面，由于该菜市场以面积大小来定价，各经营户月租金不同，但是很多经营户的月租金在1 500元以上，如果加上水电费和一些其他费用，大多数经营户月租金可能会达到2 000元，个别经营户每个月租金会达到3 000元。而经营户普遍反映，由于凤城菜市场建立之初是由政府单位管理的，每月租金比较低，而改为民营性质后，租金较高，不少经营户就放弃继续在该菜市场经营而改去其他菜市场经营，这就导致凤城菜市场的摊位闲置率较高，不利于菜市场的持续发展。进货渠道方面，大多数经营户主要通过蔬菜基地和水产基地进货，但是有一些经营户是通过公司直接配送货物的，这些经营户基本上是一些连锁经营店的二级销售方，同时，也有一些经营户是由管理公司推销送货的，这些经营户大多经营时间较短，没有比较固定的供货渠道，只有靠管理公司联系供货商，因此这些经营户的进货价格会比有固定供货渠道的老经营户的进货价格高一些。经营时间方面，大多数经营户都会在每天凌晨4点左右开始营业，离菜市场较远的经营户会在凌晨 3 点半就开始营业，而每天 4 点到 5 点基本上是一些餐饮经营者的进货时间，因此虽然这段时间人流量不会太大，但是单笔成交量是一天中最大的。经营者们通常会在晚上 7 点收摊，而傍晚 6 点到 7 点也是消费者买菜的高峰期。但是，随着长寿区内晚间一些小规模的集市的兴起，菜市场的客流量不断下降。在人气的满意度方面，经营户表示原先的凤城菜市场的客流量很大，但是由于基础设施跟不上、交通拥堵以及租金上涨导致经营户减少等多方面的影响，现在的客流量已经低于以前的客流量。再加上蔬菜等产品的涨价和超市的打折活动的影响，客流量已经远远小于以前。关于市场环境和管理者的问题，经营户反应很强烈。第一，管理公司对菜市场的环境卫生不管不顾，许多经营户交了管理费但是得不到相应的服务，不得不自己将垃圾扫到门口，而门口又缺少相应的垃圾处理站，造成周边气味刺鼻。这也导致经营户与周边住户矛盾不断。第二，菜市场内部基础设施落后，存在安全隐患，经营户对此很生气，不少经营户反映管理公司的管理人员很少露面，只有在月末交租金时才会出现。经营户对此怨言不断，对管理公司很不满意。

四、市场的优劣势和问题分析

1. 市场的优势和积极意义

（1）市场优势。

①交通便利。市场周围有凤城车站和长寿区内几条比较重要的交通干线。同时，凤城车站连接了长寿古镇、长寿火车站等长寿区重要的旅游点、交通枢纽，同时还连接了区医院、长寿中学和沿途比较重要的住宅区，这就给凤城菜市场创造了一个极好的交通条件。

②人口众多。凤城菜市场周围有较多的住宅区，且周边菜市场较少，基本上在周边范围内，凤城菜市场处于垄断地位。这给了凤城菜市场一个极为庞大的市场和稳定的客户源，保证了凤城菜市场的营业额。

③品牌优势。长寿区凤城菜市场是长寿区内一个创办比较早的菜市场，在中老年人群中有较高的知名度。从对市场顾客的调查中我们发现，到菜市场买菜的人群大多数是中老年人群，因此，凤城菜市场品牌优势较好，能够吸引较多的消费者光顾。

（2）积极意义。

①方便周边居民生活。凤城菜市场有 7 个经营区，居民生活所需的所有菜品基本上都可以在市场内找到。问卷调查显示，凤城菜市场的菜品比超市的菜品更加便宜和新鲜，减少了居民的生活成本，方便了周边居民生活。

②增加就业。凤城菜市场共有营业人员116人，基本上是下岗和待业在家的劳动者。在对经营者的调查中我们发现，所有的经营户都是中年或青年劳动者。除了经营摊位所带来的就业岗位外，其他相关产业也带动了就业的增加。菜市场周边已经形成了一个初具规模的商业街，带来了较多的就业岗位。

③增加税收。凤城菜市场共有近70家经营户，每月所带来的税收是相当可观的。凤城菜市场的营业额也是比较大的，可以为长寿区的经济发展带来动力。

2. 市场劣势和存在问题分析

（1）交通拥挤。凤城菜市场周边道路较窄，而每天人流量较大，加之周围没有停车地点，许多车辆停在道路两旁，造成了交通拥堵。同时，市场周边红绿灯较少，许多车辆不遵守交通规则，行人乱穿马路的现象也层出不穷，这都不利于凤城菜市场及周边商业的发展。

（2）市场内部基础设施落后。凤城菜市场于2001年建立，建立至今没有进行大规模的改造和重建，菜市场内设施老旧。菜市场内部拥挤且缺乏防火措施，一旦发生火灾就会损失巨大。市场内部地面地板也已老化，不少甚至已经松动，基础设施落后可见一斑。

（3）环境卫生较差。凤城菜市场由于物业管理单位管理较弱，造成环境较差的局面。不少消费者表示对卫生状况不信任，因此有一些消费者已经开始去环境更好的菜市场或者超市买菜，这对凤城菜市场来说非常不利。

（4）超市及周边晚间小集市的冲击。凤城菜市场周围有重庆百货超市，重百超市实力雄厚，同时更加让消费者信任，不少消费者更倾向于去重百超市买菜而放弃去凤城菜市场，因为不少消费者认为重百超市更能保障自己的消费权益。而晚间集市则比菜市场更加便宜，同时距离更近，这很大程度上削减了傍晚菜市场的客流量，综上，凤城菜市场的竞争压力会更大。

五、关于市场进一步改进的建议

（1）更新基础设施，消灭菜市场内部的安全隐患。只有完善了基础设施，才能吸引更多的经营者进入菜市场，从而将凤城菜市场做大，形成规模效益。

（2）管理者加强管理，改善卫生条件。只有将消费者关心的卫生环境改善了，消费者才会更加愿意来这里消费。经营者与周围住户的矛盾解决了，才会有利于凤城菜市场更好地发展。

（3）改善交通，修建大型停车场，增加红绿灯个数。改善交通是扩大凤城菜市场的重中之重。大多数受访的消费者表示，交通是制约凤城菜市场发展的主要因素，改善交通可以扩大凤城菜市场的服务半径，扩大菜市场的服务面积。

（4）加强监管部门建设。应综合市场需求，依据所经营业务的规模来设置职能机构或岗位，各职能部门分工负责相应的业务工作，加强凤城菜市场的内部服务，明确责任，共同发展。

（5）实行公司化管理，提高经营户及其他有关人员的积极性。实行公司制综合农贸市场，统一制定市场内部的管理制度，并有效付诸实施，使居民在购物过程中获得愉快的感受。按公司化模式营运，也有助于经营户重视学习有关法律知识，维护自己的权益。农贸市场定期召开股东代表大会，向股东报告经营情况和财务状况，这有助于股东进行监督检查，投资入股的股东也会更热情地到自己投资的市场中购物。此外，还应实行激励机制，鼓励经营户及消费者建言献策，并给予其一定奖励，这有助于促进农贸市场持久、兴旺地发展。

（6）政府要给予菜市场一定的政策支持，如减免税收、帮助管理公司加强基础设施的建设等，同时政府要加强监管，维护消费者权益。此外，要加强卫生监管力度，促进凤城菜市场高速、有效地发展。

参考文献

［1］李达元.丰都：乡镇农贸市场破解农产品销售难题［J］.农业市场周刊，2015（01）.

［2］顾建华.淮安市农贸市场消费者购买行为研究［J］.中小企业管理与科技，2014（02）.

［3］项朝阳.平价菜店经营中存在的问题及对策［J］.长江蔬菜，2014（03）.

［4］江苏省商务厅市场体系建设处.江苏省农产品市场体系建设研究［J］.江苏商论，2013（02）.

垫江县桂溪镇桂东农贸市场发展研究

董虹岑　胡怀亓　石运婷①

前言

农贸市场又称自由市场，是指在城乡设立的可以进行自由买卖农副产品的场所。如今的农贸市场是 20 世纪 80 年代改革开放后的产物，指用于销售蔬菜、瓜果、水产品、禽蛋、肉类及其制品、粮油及其制品、豆制品、熟食、调味品、土特产等各类农产品和食品的以零售经营为主的固定场所，也指农村中临时或定期买卖农副产品和小手工业产品的场所。在农贸市场上，人们可以买到新鲜的农副产品，可以议价。摊贩之间形成了竞争关系，价格可以随行就市。随着农贸市场在全国的发展，国有的蔬菜店和副食店很快就被"挤垮"了。农贸市场具有明显的经济属性，其作为城乡居民"菜篮子"商品供应的主要场所，也具有社会性和很强的公益性。就其社会地位而言，农贸市场与其他商业业态的功能相比，其社会价值的取向更能体现政府形象，政府通常将其作为"民生工程""再就业工程""三农问题"等工作的平台，以此促进城市发展、展示城市形象、构建和谐社会。本小组于 2015 年 5 月 2 日至 7 月 6 日对重庆垫江县桂溪镇桂东农贸市场进行了调研，此次调研帮助我们了解了当今农贸市场发展中存在的问题，针对这些问题我们提出了一些对策，以期促进乡镇农贸市场的发展和结构调整，完善农贸市场的经营和管理，推动农贸市场更好、更快地发展。

---

① 作者董虹岑系重庆工商大学 2012 级国贸 3 班学生；胡怀亓、石运婷系重庆工商大学 2013 级经济学专业 2 班学生。

一、市场基本情况描述

市场名称：桂东农贸市场

市场详细地址：重庆市垫江县桂东街

市场类型及规模：该市场由桂东批发市场和桂东菜市场组成。桂东批发市场主要是室内市场，大约有 1 200 平方米。市场有门面 100 多个、经营户 200户，市场从业人员大约有 300 多人。桂东农贸市场位于镇中心，且临近车站，基本上每天都有大量的人在这里进行交易，如果遇到赶集天，人流量会更大。桂东农贸市场如图 1 所示。

图 1　桂东农贸市场

二、市场环境描述

1. 市场内部环境

该市场的基础设施比较完善，在市场内设有专门的值班室，还有社区便民服务中心（见图 2）。桂东菜市场也是最近几年刚刚翻新的，整体环境比较好，摊位的布局也比较合理，内部有非常明确的分区，例如蔬菜区、肉类区等。桂东批发市场的年代相对比较久远，建筑设施都比较陈旧，门面规划也不太合理。市场分区不太明显，环境也不是很好，最不合理的是通道比较狭窄，人多的时候进出都不是特别方便，也没有专门的停车场。市场内部环境如图 3所示。

图 2　桂东社区便民服务中心

图 3　市场内部环境

2. 市场周边环境

　　该市场的地理位置非常优越，处于该镇的中心地带，人流量特别大。且市场处在五岔路口，旁边还有旧车站，交通非常方便，而且不远的地方直接连接县里的外环路直达高速公路路口，市场也设置了多个进出口。市场附近的居民区也十分密集。但是市场没有专设停车区域，停车不是特别方便，大家都是停放在路边，很容易造成交通拥堵。全镇面积为 91 平方千米，人口约 10 万人，有着广阔的消费市场。市场周围还有中国农业银行、加油站、车站、酒店、幼儿园、市重点中学，县里比较著名的商业街也离市场很近。

三、市场经营状况描述

1. 市场经营分区

该市场分为了批发市场和菜市场。批发市场有两层,第一层经营服装、百货、文具批发、水果批发等。第二层主要是床上用品批发。菜市场主要分为了凉菜区、蔬菜区、肉类区等。市场内部主要经营的商品及市场经营分区情况如图4所示。

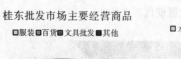

图4 市场主要经营商品以及经营分区情况

资料来源:根据实地调查汇总得出。

市场具体情况如下:

(1)服装区:21家,主要经营小孩和老人的衣服。每家店里基本上都有2名员工。

(2)百货区:30家,主要经营日用品的批发和零售。

(3)文具批发:34家,主要批发笔、文具盒之类的办公学习用品,另外还有卖书包的。每家店基本上都有1名员工。

(4)水果批发:7家,主要是进行水果还有炒货的批发。

(5)凉菜区:4家,主要集中在菜市场的入口处,都是夫妻经营。

(6)蔬菜区:有固定摊位的大概有30家,许多人就在菜市场的外围摆摊,每天基本上都会有50个摊位,赶集的时候会更多。每家店基本上都是一个人经营。

(7)肉类区:18家,主要集中在菜市场的左侧,和鱼类相对经营。每家店基本上都是夫妻经营。

2. 市场顾客调查

桂东农贸市场每天大概会有1 800~2 000位顾客前来购买商品,每天早上和下午,菜市场都有高峰时段,那个时候菜市场总是挤满了人。早上来的消费者总是能够买到最新鲜的蔬菜,下午来的顾客虽然不能买到最新鲜的蔬菜,但是能够买到价格相对比较低的商品。批发市场的高峰时段主要是上午，那个时候市场挤满了人，交通也最为拥堵。根据问卷调查结果可以得出，顾客来市场买菜的频率大概是一周2~3次，大多数的顾客是步行来农贸市场的，步行时间为10~30分钟。同时，市场附近也设有公交车站，稍微远一点的顾客也可以乘坐公交车（顾客交通工具的选择如图5所示）。大家对于农贸市场的卫生环境不是很满意，特别是没有公共停车场这一点，大家非常不满意，因只要人稍微多一点，就会造成交通堵塞。至于大多数顾客为什么选择在农贸市场买菜，这是由于农贸市场上的蔬菜相对超市里的蔬菜要新鲜一些，且市场离家比较近，很方便。顾客认为在超市买菜的话，价格比较高，且蔬菜不够新鲜，但是比较方便，不需要讲价，节约了时间。

图5　顾客交通工具的选择

资料来源：根据抽样调查问卷得出。

3. 典型经营户调查

我们选择了几家比较典型的经营户进行调查。

首先是一进入菜市场就能看见的卖凉菜的雷氏夫妇，他们已经在这个市场经营了10年，他们的店已经成了附近比较有名气的凉菜店。夫妻俩的摊位租金最近几年有些变化，现在基本上都是每年3 800元的租金，因为他们家是进入菜市场的第一家，地理位置好，所以租金比较贵。他们家的生意主要是在夏天和过年的时候比较好，但是平时的生意也不错，夫妻俩现在在考虑去其他农贸市场再开一家店。

其次，本小组还选择了一家卖肉的商家，他们也在桂东市场经营了10年左右，每年租金2 600元。他们家猪肉的来源是附近养猪场，他们固定地从一家养猪场进货，亲自挑选，保证猪的健康，让顾客可以放心购买。虽然竞争比较大，但是该商家的客源十分稳定，收入也相对稳定。卖猪肉的工作很辛苦，要从早上4点干到晚上6点。如果猪肉涨价的话，生意还会受影响。商家希望猪肉价格能够保持稳定，价格太高会让他们觉得压力很大。

最后，小组选择了一家卖文具的老店，店主已经在这个市场经营了6年。

从我们的考察结果来看，该店的竞争压力比较大，大多数都是老顾客，很少会有新的顾客。该店的商品大多数都是从义乌进购的，价格比较低。店铺的租金一年大约是 2 400 元，因为成本比较低，顾客比较稳定，所以收入也比较稳定，每年都没有太大的变化。店铺生意最好的时候就是开学的时候，那个时候学校附近的小商店都会集中过来进货。店主对市场的管理不是特别满意，表示环境不好，旁边就有一条臭水沟，交通容易拥挤，遇到下雨天，路上还会积水。店主非常希望市场环境能够得到有效治理。

4. 市场管理调查

据管理人员介绍，市场很多年前就建立了，前两年才对市场进行了翻修。该市场服务于周边的居民，方便居民对日常生活的所需品进行购买。大多数居民都能在半个小时内到达该市场购买蔬菜等生活资料。对于这次调研发现的卫生环境较差、没有公共停车场等问题，小组向管理人员咨询了解决办法，管理人员的回答是他们一直都注意到了这个问题，也一直在想办法治理。管理人员找了专门的保洁人员进行市场清理工作，对各个商户也进行了教育辅导，但是效果不太好。公共停车场的问题相对比较困难，因为最开始就没有这方面的设计，市场的占地面积也不够大，周边都是居民区，市场不好扩大，所以管理人员也十分烦恼这个问题，但是他们保证一定会尽快解决这一问题。同时工作人员还指出了该市场存在的一些其他问题，比如市场基础设施还不够完善、配套设施不齐全等，他们表示在今后的工作中会不断完善基础设施，对市场外围的路边摊位进行规划与规范，以完善市场秩序。

四、市场的优劣势和问题分析

1. 市场优势和积极意义

桂溪镇位于垫江县中部，人口达 10 万人，北接新民镇、曹回镇，东连黄沙乡、长龙乡，南临太平镇，西与四川省大竹县、邻水县接壤，面积达 108 平方千米，是县委、县政府驻地，也是全县的政治、经济、文化中心。渝巫公路与垫丰公路在此交汇，交通便利，方便货物在此地集散。该农贸市场处于该镇的中心地带，人流、物流量特别大，附近的居民区也十分密集。该市场由批发市场和菜市场组成，批发市场主要有服装、百货、文具批发、水果批发、床上用品批发等，而菜市场提供蔬菜、瓜果、水产品、禽蛋、肉类及其制品、粮油及其制品、豆制品、熟食、调味品等，活跃了商贸流通，也方便了居民生活。该农贸市场有门面 100 多个，经营户 200 户左右，市场从业人员大约有 300人，即农贸市场提供了 300 个就业岗位。另外，农贸市场增加了税收，主要是营业税、增值税等。财政部、国家税务总局在《关于农产品批发市场农贸市场房产税、城镇土地使用税政策的通知》中明确指出，对专门经营农产品的批发市场、农贸市场使用的房产、土地，暂免征收房产税和城镇土地使用税；对同时经营其他产品的农产品批发市场和农贸市场使用的房产、土地，按其他产品与农产品交易场地面积的比例享受税款减免。桂东农贸市场适用于第二种税收减免政策。

2. 市场劣势及存在问题的总结和分析

（1）农贸市场的基础设施未跟上市场发展需要。例如，市场没有专设停车区域，对于开车来买菜的居民来说，停车不是特别方便，大家都是停放在路边，很容易造成交通拥堵。

（2）市场秩序混乱。农贸市场外围形成了马路市场，有些农民和业主为图方便，随意在公路两旁摆摊卖货，既不利于管理，又影响交通。

（3）卫生环境较差。农贸市场为顶棚市场，垃圾箱设置少，资金投入少，水电设施建设和维护等基础设施薄弱。另外，人们的环境保护意识差，交易活动中或多或少出现污水、污物随意乱扔乱倒的现象。目前，市场的购物环境和卫生条件难以达到消费者如今的心理预期。

（4）市场规模不大，数量不足。经营者自己拥有的资金少，经济能力有限，资金投入不足，进货数量少、品种少。经营者经济知识缺乏，掌握的经济信息有限，进货渠道有限，对市场需要的数量不能准确把握，这一定程度上阻碍了市场的经济发展。

（5）农贸市场价格不稳定，变动大。市场上的价格不合理表现在有的小贩随意涨价，致使价格波动大，而有的小贩压低农产品的价格，以排挤同行，进行恶性竞争。

（6）农贸市场缺乏自身特色，缺乏改革创新。一方面，农贸市场的市场商品结构不合理、商品不齐全；另一方面，没有相关的检验措施对市场上的商品进行质量检验。如今人们习惯去农贸市场买水果、蔬菜，但对于肉类、蛋、鱼等生鲜产品，人们习惯在超市消费，因为随着城乡居民收入水平的逐步提高和消费能力的不断增强，人们越来越注重生活质量和生活环境的改善，对农产品的需求不仅是要买得到，还对购物环境、食品质量、卫生条件等提出了要求。随着农业生产过程中农药、化肥和除草剂等化学物质投入的不断增加，食品安全问题也日益受到消费者关注。在这一背景下，农贸市场经营服务水平相对落后，经营商品以初级农副产品为主，自然满足不了消费者对方便、快捷的净加工生鲜副食品的需求，更不能满足消费者对卫生、健康和生活环境质量的要求。消费者对食品质量安全问题的关注直接影响了其购买地点的选择。

（7）农贸市场监管力度不强。从管理体制上看，农贸市场投资主体多元化，政府的管理机制并没有及时跟上，没有明确具体的行业主管部门。一些部门和单位在履行市场管理职责时习惯于当配角，主体意识不强，工作被动，或者流于形式，效果不明显。农贸市场是带有公益性质的农副产品交易场所，一些市场投资者只注重经济效益，在日常管理中重收费、轻管理，重权利、轻责任，造成了市场的无序和混乱。

（8）缺乏科学的市场规划。市场必须慎重考虑出入口位置。人流直接影响功能分区，摊位要依据人流路线合理设计布局，避免摊位死角，实现市场经济利益最大化。

五、关于市场进一步改进的建议

（1）加强资金的投入，搞好农贸市场的基础设施。

将扶持农贸市场建设和管理所需经费纳入财政预算，从城市建设配套费等项目中列支。设立专项基金，由政府牵头，实现政府补一点、业主出一点、向上级商务主管部门争取一点。探索由政府引导、市场运作、政策推动的市场建设和改造新模式，把农贸市场建设和改造纳入政府为民办实事的民生工程。进一步探索企业投资、社会投资、个人参股投资和财政补贴相结合的投融资模式，有计划、分步骤地对农贸市场进行标准化升级改造，从根本上解决市场存在的问题。

（2）建立健全市场综合监管机制。

明确政府责任，成立由政府及各职能部门组成的市场建设管理委员会，主要负责城区农贸市场建设的统筹规划，协调解决农贸市场建设管理中的重点和难点问题。定期对农贸市场进行调研、考察，切实提高对市场的认识，加强对市场监管人员的培训和再学习。行政手段上，要对把商品摆放在市场入口和街道上的商贩以及哄抬物价的商贩进行处理，加强对农贸市场的市政管理。经济手段上，政府还需贯彻实行三农政策，实施惠农政策。要制定合理的价格政策，实行农产品价格信息化，规范农产品的最低价格，保证农民的合理收益。

（3）农贸市场的革新。

要将投入的资金用来完善通信、仓储、停车场等设施，改善硬件设施条件，如完善排水设施、多设置出入口、完善消防设施等。定点设置一些垃圾箱和一定数量的环卫设施，并雇用环卫人员改善卫生环境，保持良好的市场环境。完善农贸市场的市场商品结构，除了传统的水果、蔬菜，还要增加生鲜等方面商品的供应。另外，要对市场上的商品进行质量的检验。要合理进行市场布局，对不合理的地方进行改进，如畜产品和蔬菜在一个区域、日用品和熟食在一个区域等都是需要改进的地方，要对商品进行科学、合理地划分。要利用本镇的自然资源，以及地理优势条件，发展特色的乡镇经济。总之，要实现农贸市场的现代化，尽可能地提高市场建设的档次。

（4）建议开展针对生产经营者的诚信教育。

应加强引导与扶持，推动市场内店铺、摊贩走上规范化经营的轨道。简化审批手续，减免税费，将市场内的店铺、商贩"变无照经营为有照经营"。

参考文献

[1] 王念哲. 我国农村集贸市场存在的问题及对策 [J]. 经济师, 2007 (10)：36-37.

[2] 周树文. 浅析农产品对我国农村集贸市场的影响 [J]. 中国市场, 2008 (23).

[3] 周洁红, 金少胜. 农贸市场超市化改造对农产品流通的影响 [J]. 浙江大学学报, 2004 (03).

[4] 孙涉, 张平. 农贸市场的管理构架与文明建设 [J]. 中共南京市委党校学报, 2010 (03).

[5] 李达元. 丰都：乡镇农贸市场破解农产品销售难题 [J]. 农产品市场周刊, 2015 (01).

[6] 廖伟斌. 农产品批发市场竞争力研究 [D]. 北京：中国农业科学院, 2012.

[7] 刘雪冰, 李群. 关于当前农贸市场建设与管理情况的调查报告 [J]. 工商行政管理, 2013 (22).

万州区长岭镇农贸市场发展研究

柏婷　付庆庆　陈艳芳①

前言

农贸市场自古以来就一直存在，古代的农贸市场被称为"集市"。我国的农贸市场起源于改革开放初期，是指在城乡设立的可以进行自由买卖农副产品的市场。农贸市场具有明显的经济属性，其作为城乡居民"菜篮子"商品供应的主要场所，也具有社会性和很强的公益性。农贸市场远比超市发展得早，可随着社会经济的发展，越来越多的顾客选择了价格较贵的超市，去农贸市场的频率大大降低。为深入了解该问题，我们的小组成员选择在寒假期间（2015年3月3日至6日），对万州区长岭镇农贸市场进行了实地调查。要对农贸市场问题加以重视，因为农村农贸市场对于启动农村消费、搞活农产品流通、改善消费环境、增加农民收入、统筹城乡发展、缩小城乡差距等方面都具有相当重要的意义，加强农村农贸市场建设迫在眉睫。我们小组通过实地取材、现场采访、上网查阅资料了解相关案例后，才了解到原来农贸市场环境较差，很大原因是文化教育越高的人越羞于与老人、农民讨价还价，究其源头还是农贸市场监管不足，没有统一的市价，而超市明文规定了价位，这极大地吸引了广大消费者。据此，农贸市场的相关部门以及政府监管部门应该加强对农贸市场的监管以及资金投入，本小组针对这些问题，提出了一些发展对策。

一、农贸市场概述

农贸市场又称农贸自由市场或自由市场，是指在城乡设立的可以进行自由

---

① 作者柏婷、付庆庆、陈艳芳均系重庆工商大学 2012 级贸经 2 班学生。

买卖农副产品的场所。如今的农贸自由市场是我国 20 世纪 80 年代改革开放的产物，主要是用于销售蔬菜、瓜果、水产品、禽蛋、肉类及其制品、粮油及其制品、豆制品、熟食、调味品、土特产等各类农产品和食品的以零售经营为主的固定场所。

作为改革开放的产物，农贸市场带有典型的市场经济性特点：平等性、竞争性、法治性和开放性。平等性体现在农贸市场的每个卖家都有平等的销售权以及每个买家都有平等的购物权；竞争性是指卖家之间的相互竞争；国家对农贸市场的相关规范以及农贸市场的主体、客体的广泛性，分别说明了农贸市场的法制性和开放性。

除上述特点外，就农贸市场的社会地位而言，农贸市场与其他商业业态的功能相比，其社会价值的取向更能体现政府形象，政府通常将其作为"民生工程""再就业工程""三农问题"等工作的平台，以此促进城市发展、展示城市形象、构建和谐社会，这些也正构成了农贸市场的无可比拟的优越性。因此，我们更有必要了解农贸市场与其他相关市场的差异所在。

二、农贸市场与相关市场的差别

1. 农贸市场与超市的差别

（1）营业时间。农贸市场的经营时间更加灵活，经营者大部分从清晨 5 点就开始陆续张罗，超市则一般要到 8 点，即使是个别超市开设早市，也要到 6 点之后才开门。为了方便人们的出行以及卖家的生活，农贸市场一般在晚上 6 点就关门了，此时也正是下班族在超市购物的高峰期。

（2）购物环境。超市明显优于农贸市场，非常整洁、干净，有的开设现场加工区域，将加工制作的全过程明示给顾客，而农贸市场一般会存在"脏、乱、差"现象。农贸市场在居民区集中的区域布点，市民步行几分钟即可到达，而"菜篮子"型超市目前相对较少。超市是集中性经营，而农贸市场多为粗放式经营。农贸市场购物环境如图 1 所示。

（3）价格。产品价格互有高低，如超市中肉类和蛋类的价格相对低于农贸市场，而蔬菜、水果的价格高于农贸市场。

（4）付款方式。超市与农贸市场各有利弊。超市付款排队现象时有发生，而农贸市场每次交易完毕就付款一次，但多了重复的手续，显得麻烦，无形中浪费了时间。

2. 农贸市场与集贸市场的差别

两者本质相同，都是为了满足消费者需求而存在的。农贸市场是零售商代

图 1　农贸市场购物环境

为销售形成的市场，而集贸市场作为更加综合化的市场，还囊括了服装销售等。

三、长岭镇农贸市场存在的问题及其原因分析

2015 年 3 月 4 日，我们的小组成员对重庆万州长岭镇农贸市场的具体情况进行了调查。万州长岭镇的龙立村、双龙村、钟鼓楼办事处小岩村、茨竹乡马家村、陈家坝办事旅密村首批建立的市级蔬菜专业村，其规模达到 4 平方千米，蔬菜年产量达到 2.39 万吨，是目前万州城市蔬菜供应量最大的基地之一。此外，我们也对农贸市场的部分卖家进行了调查。数据结果显示，他们每天的平均营业额在 320 元左右，除去自己商品的成本以及市场管理费用，农贸市场的卖家能够保证自己的营业利润达到营业额的 1/3 左右。万州长岭农贸市场是目前长岭最大的农贸市场，其营业面积达 4 000 平方米，有 200 个摊位、30 多个门面，年成交额达 4 000 万元。根据相关政策，长岭将新增一个农贸市场，其营业面积会达到 2 200 平方米，拥有摊位 160 多个，预计每年创造的财富将达到 0.56 亿元。相较于刚成立时的农贸市场，新农贸市场的摊位增加了好几倍，营业额取得了里程碑式的突破。

近几年来，县委、县政府在加强对农贸市场的建设管理方面做了不少工作，尤其是在农贸市场的重要性愈加凸显的时代，国家对农贸市场的建设管理更加重视。"马路市场"是普遍存在的一大现象，90% 的农村市场都是马路市场，长岭农贸市场也不例外。本小组经过走访调查发现，到农贸市场购物的人大多是骑自行车或者电动摩托车，一周内平均到访该农贸市场的次数为 2~3

次。当然，在市场方圆 1 000 米以内的顾客也会选择步行，他们几乎每天都会光临农贸市场，因为每天都能"现做现买"，吃个新鲜。

在走访的过程当中，小组成员也发现了重庆市万州区长岭镇农贸市场的不少现存问题：

（1）农贸市场的摊位租金逐年上涨，且收费项目五花八门，对此卖家们颇有怨言。

（2）政府对农贸市场的改革也是形式大于内容，市场服务中心只能在自己管辖市场内履行服务职责，无法进行市场的规范管理。

（3）工商行政管理部门对市场的监管力度也不够，在管理体制上没有统一模式，导致该农贸市场的管理体制混乱不堪。

（4）从消费者的角度来看，市场的整洁度远远不能满足自己的要求，环境卫生质量差，如图 2 所示。

图 2　长岭镇农贸市场环境

（5）农贸市场销售的农产品在消费者看来还是很靠谱的，但是相比大米等农产品而言，卤制品等熟食品的消费者满意度并不是特别高，因为商家并没有统一的卫生标准制度，所以难免在制作熟食的过程当中有所懈怠。对于农贸市场出售的农产品放心度的调查，消费者普遍答道："十几年都这样过来了，对于蔬菜没有什么不放心的，不过也说不上放心。卤腊制品一般还是自己做的比较放心，毕竟现在新闻随时都在播报食品安全问题。"

（6）在调研过程中，我们小组人员观察到，来到农贸市场买农产品的顾客大多是中老年人，极少有年轻人来购买，而且农贸市场人流量明显比不上超市购买高峰期的人流量。在长岭镇农贸市场，只要早晨的购买高峰期一过，农贸市场的人流量就会骤减，甚至出现街上的流动顾客只有十几人的现象，如图3所示。

图3　长岭镇农贸市场非高峰期人流量情况

小组人员分析后，认为这一现象出现的原因主要有以下几点：

①城区菜市场和超市的出现使得顾客被大量分散。

②农贸市场的农产品卫生程度低于菜市场和超市。

③农贸市场的商家大多是自己种菜到市场上来卖，自种、自营、自销，而超市农产品由大规模大棚蔬菜基地供应，来源更有保障。

④农贸市场的个体商家可能会短斤少两，而在超市一般不会出现这种欺骗消费者的现象。

在农贸市场农产品价格问题上，消费者表示可以接受在合理波动范围内的菜品价格。对于农贸市场各个卖家的销售服务，消费者表示基本满意。

四、长岭镇农贸市场发展对策

1. 继续实施惠农政策

继续深化农村农业发展制度改革，尽其所能地提高农民收入。①该地区政府加大基础性和创新性农业科技投入，提高农业生产效率。②加大对该地区农业基础设施的建设力度，促进农业的发展。③扩大良种补贴的规模和范围，同时进一步扩大农民直接补贴的规模和范围。政府提供政策支持，为农产品发展提供基础设施建设资金及大量融资，确保农业发展的基础，保证农户的资金，从源头上保证长岭镇农贸市场农产品的供给问题。

2. 加强政府监管力度，合理引导农贸市场的发展

任何成型的农贸市场都是从无到有，从冗杂、散乱到初具规模的，这就需要政府加强监管。①合理规划安排，严打违法经营行为以及不合理竞争行为，规范市场秩序。②加强农贸市场卫生环境的管理，进一步完善农村市场监管和准入许可制度，让食品安全成为生产和流通中的天条，让问题食品无处遁形，从源头上确保广大农民群众的餐桌安全，不要让老百姓生活在"买东西不敢下锅"的惶恐中，保证该市场的合理发展。

3. 对农贸市场进行转型升级，改革发展农贸超市

可对该传统农贸市场进行业态提升，在该地原有农贸市场的基础上扩建形成生鲜农贸超市，实行"农加超"模式（农贸市场加超市模式）。在改造农贸市场为农贸超市时，保留一部分仍然作为农贸市场。超市实行商品采购、运输、卖场布局、促销、计量价格等方面的统一管理，而农贸市场实行分散管理。要做到两者优点的有效结合，互相促进、共同发展。

4. 积极新建通信设施，构建完善的信息网络，调整优化长岭镇农贸市场产业结构，促进服务多样化

积极新建农贸市场通信设施，加强该地农贸市场与各地其他农贸市场的联系，形成完善的信息网络系统，并向广大商家提供有关商品的价格信息，引导农民正确进入农贸市场。同时，还要运用信息网络宣传该市场，增加市场知名度，让更多的人了解该农贸市场，吸引更多的顾客前来购买，扩大市场销路。

5. 对进入农贸市场的产品进行分级管理，推动农贸市场高级化

我国乡镇农贸市场大多脏、乱、差，进入农贸市场的产品没有进行标准化处理，造成了环境污染和资源浪费，重庆万州长岭镇农贸市场也不例外。因此，该市场管理层应采取强有力的措施对进入市场的商品进行标准化处理，严格禁止非标准化处理的产品进入市场，促进该农贸市场向高级化市场转变。

参考文献

［1］赵轶. 市场调查与预测［M］. 北京：清华大学出版社，2007.

［2］马云甫，杨军. 传统农贸市场改造的必要性、原则与模式［J］. 农村经济，2005（02）.

　　[3] 何海军，伍鹏鹏. 农贸市场在农产品商贸流通体系中的地位再思考——以重庆市农贸市场为例 [J]. 市场论坛，2011 (10).

附录

乡镇农贸市场消费者访谈问卷

　　您好，我是重庆工商大学学生，现正在进行一项"乡镇农贸市场研究"的专题调查，最多耽误您 10 分钟的时间完成此次访谈。访谈内容将严格保密，请真实地回答每个问题。

　　(1) 您认为我乡（镇）农贸市场网点布局和经营门面、摊位的布局合理吗？

　　(2) 您对农贸市场出售的农产品放心吗？譬如蔬菜、卤腊制品、冻货、腌菜等产品。

　　(3) 您来市场买菜的频率为一周几次？

　　(4) 您为什么要选择在农贸市场买菜？在超市买菜和在农贸市场买菜有什么区别？

　　(5) 您来这儿使用的交通工具是什么（步行、自行车、公交车、开车）？到这儿花费的时间是？

　　(6) 您认为本乡镇农贸市场的基础设施符合市场发展的要求吗？

　　(7) 您对本乡镇农贸市场的环境卫生以及经营秩序满意吗？

　　(8) 您对管理部门管理农贸市场外围马路市场的效果满意吗？

　　(9) 您认为当前乡镇农贸市场可由超市等其他业态替代吗？

　　(10) 您对市场商品结构、商品价格、管理服务满意吗？

　　(11) 您对政府监管乡镇农贸市场的整体效果满意吗？

　　(12) 您认为政府应如何加强对乡镇农贸市场的监管，以促使乡镇农贸市场健康、有序地发展？

再次感谢您的积极配合！

祝您身体健康，工作顺利，生活愉快！

大渡口九宫庙等农贸市场发展研究

廖国甜　谭燕　李艳芳①

2015 年 3 月至 2015 年 4 月，我们"We Can"团队到大渡口区九宫庙等农贸市场进行了调研分析。此次调研的重点是研究分析乡镇农贸市场的经营现状和发展趋势。"学习乡镇农贸市场、研究乡镇农贸市场、发展乡镇农贸市场"是我们小分队调研的基本理念，我们根据此原则，将理论与实践相结合，以达到学以致用、增强实践的目的。

一、农贸市场发展情况分析

1. 农贸市场整体情况分析

（1）农贸市场整体基本情况分析。

农贸市场整体基本情况如表 1 所示。

表 1　　　　　　　　　　农贸市场整体基本情况

市场名称 基本情况	九宫庙农贸市场	秀水农贸市场	百花农贸市场
营业面积 （平方米）	8 000	600	1 300
经营种类	蔬菜、肉类、豆类、水产、干副及调味品、粮油	蔬菜、肉类、干副及调味品、粮油、卤菜、豆制品	蔬菜、肉类、水果、干副及调味品、粮油
经营摊位数（个）	478	91	60
市场类型	室内市场	室内市场、占道经营	室内市场、露天市场
从业人员数（人）	1 000	105	60

---

① 作者廖国甜、谭燕、李艳芳均系重庆工商大学 2013 级贸经专业学生。

市场名称 基本情况	九宫庙农贸市场	秀水农贸市场	百花农贸市场
有无路边摊	无	有	无
市场内经营 是否分区	是	是	是

数据来源：根据调研资料整理。

（2）市场环境分析。

农贸市场环境分析如图1所示。

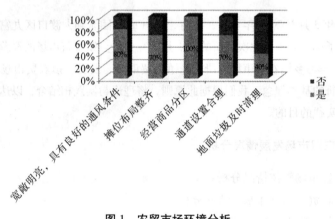

图1　农贸市场环境分析

数据来源：根据调研资料整理。

这三个农贸市场的环境总体来说还是可观的，尤其是秀水农贸市场，室内较为干净，没有垃圾乱堆乱放；百花农贸市场室内市场较为整洁，但是露天市场较乱，门口垃圾筐内垃圾未能及时处理；九宫庙农贸市场在我们调查的农贸市场中规模最大，但也最脏乱，部分地区地面有积水，烂菜叶未能及时打扫，并且通道内还堆放着蔬菜，给行人的通行造成不便。

（3）农贸市场摊主基本情况分析。

①农贸市场摊主工作时长。

摊主工作时长如表2所示。

表 2   摊主工作时长

单位：个

工作时长	4 小时以下	4~6 小时	6~10 小时	10 小时以上
摊位数	0	0	5	25

数据来源：根据调研资料整理。

调查结果表明，有 83.3% 的摊主每天都要工作 10 小时以上，他们从早上 4 点就开始到农贸市场处理蔬菜，一直到晚上 9 点才可以回家；而 16.7% 的摊主则需工作 6~10 小时。

调查表明，所有摊位最忙的时候在早上 8 点到 11 点之间，这也表明大多数消费者都希望买到新鲜的蔬菜和肉类。

②农贸市场摊主年龄。

农贸市场摊主年龄情况如图 2 所示。

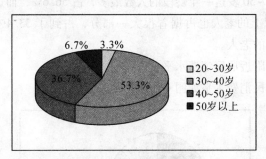

图 2　摊主年龄情况

数据来源：根据调研资料整理。

调查显示，摊主年龄基本上都在 30~50 岁，其中 30~40 岁的居多，占 53.3%，而 40~50 岁的摊主占 36.7%。

（4）顾客基本情况分析。

①农贸市场的顾客年龄阶段。

市场各年龄段顾客百分比情况如图 3 所示。

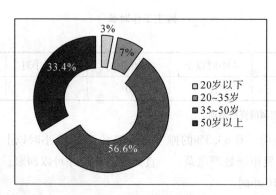

图 3   各年龄段顾客百分比

数据来源：根据调研资料整理。

通过调查我们了解到，每个年龄段都有人去农贸市场购买所需的蔬菜、肉类等。其中，35~50 岁这一年龄段的人数最多，占 56.6%，而这些人中又以妇女为主；50 岁以上的老人也占据着很大一部分，占到了 33.4%，而这些人一般都是退休在家的老人。

②农贸市场附近居民消费水平。

市场附近居民消费水平如图 4 所示。

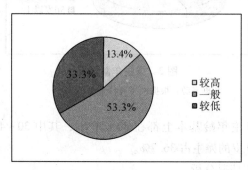

图 4   附近居民消费水平

数据来源：根据调研资料整理。

通过调查我们了解到，在农贸市场附近的居民中，整体消费水平一般的占 53.3%，而整体消费水平较低的占 33.3%。这种现象从侧面反映出农贸市场附近没有或者仅存在极少数的有着较高消费水平的居民。

（5）影响收益的因素分析。

①摊主认为服务态度对收益的影响。

摊主服务态度对收益的影响如图 5 所示。

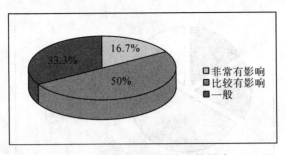

图 5　摊主服务态度对收益的影响

数据来源：根据调研资料整理。

在摊主看来，服务态度对收益有一定的影响，其中，有 16.7% 的摊主认为，服务态度对收益非常有影响，50% 的摊主认为比较有影响，33.3% 的摊主则认为服务态度对收益的影响一般，故他们并不是很注重服务态度。

②摊主认为产品单价对收益的影响。

产品单价对收益的影响如图 6 所示。

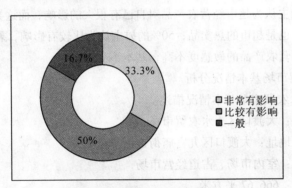

图 6　产品单价对收益的影响

数据来源：根据调研资料整理。

调查显示，商品单价的高低对摊主的收益也有一定的影响。在我们询问的摊主中，有 33.3% 的人表示单价对收益非常有影响，有 50% 的人表示比较有影响，而 16.7% 的摊主则表示单价的高低对收益的影响一般。

③摊主认为超市经营农产品对农贸市场的影响程度。

超市经营农产品对摊主的影响程度如图 7 所示。

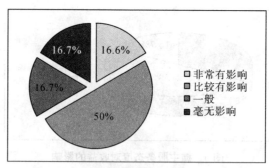

图7　超市经营农产品对摊主的影响程度

数据来源：根据调研资料整理。

在调查过程中，受访者表示当超市做一些促销活动时，对农贸市场的影响较大，尤其是秀水农贸市场，它的其中一个出入口旁边就是一个生活超市，故受影响较明显；九宫庙农贸市场周围居民较多，相对来说生意较好；百花农贸市场位于郊区，居民较少，附近也没有生活超市，生意较差。调查结果显示，有16.6%的摊主认为超市经营农产品对自己有很大的影响，而这类摊主所经营的物品基本上也是超市的热卖品；50%的摊主认为比较有影响，剩余33.4%的摊主对超市经营农产品的敏感度不高，基本不受影响。

2. 各农贸市场基本情况分析

（1）秀水农贸市场基本情况描述。

市场名称：大渡口区秀水农贸市场

市场详细地址：大渡口区九宫庙街道锦华路8号

市场类型：室内市场、占道经营市场

占地面积：666.67平方米

建筑面积：600平方米

拥有摊位数：91个

市场从业人员数：105人

没有固定摊位的临时在门口和路边摆摊的摊贩数：40人

①市场环境描述。

a. 市场内部环境。

秀水农贸市场的摊位布局较为合理，各类商品有规律地分区，使人一目了然；通道设置合理，顾客在购买过程中通道不会显得很拥挤；市场的环境卫生还是不错的，我们调查时刚好遇到清洁工在打扫地面上的脏东西，虽然地面也不是特别干净，但是并没有什么垃圾。秀水农贸市场内部环境如图8所示。

图 8　秀水农贸市场内部环境

b. 市场周边环境。

秀水农贸市场位于锦华路的一个丁字路口处，共有两个出口，其中一个出口处有一个公交车站，另外一个出口临着街道，有很多临时路边摊，且无人管理。该农贸市场旁边有一个生活超市，对农贸市场有一定的影响。在该市场周围，有锦天华园、新城明珠、秀水丽苑、金色世纪等居民小区，人流量较大。

②市场经营状况描述。

a. 市场经营产品分区情况。

秀水农贸市场经营种类主要有六种，分别是蔬菜、肉类、粮油、干副及调味品、卤菜、蛋和豆制品，各种类所占数量如表3所示。

表3　　　　　　　　　　　　　秀水农贸市场经营分区情况

单位：个

经营种类	蔬菜	肉类	粮油	干副及调味品	卤菜	蛋/豆制品
摊位/门面数	54	5	12	15	3	2

b. 市场顾客调查。

由于市场旁边的超市以及外面摊位的影响，秀水农贸市场每天的人流量不是很大，且集中在上午，每天的顾客在200人左右。在这200人中，有80%的顾客每周都要来菜市场2~3次，而剩下20%的人一周仅来一次农贸市场。

顾客之所以来农贸市场而不是超市买菜，是因为他们认为农贸市场的菜比超市要新鲜，且价格要比超市便宜。在调查中我们了解到，顾客对农贸市场的管理不是很满意，因为市场外面的摊位无人管理，比较混乱，导致交通堵塞，对顾客通行造成了一定的困扰。

（2）九宫庙农贸市场基本分析。

市场名称：九宫庙农贸市场

市场详细地址：大渡口区八桥镇5号

市场性质：民营农贸市场

市场类型：室内市场、棚盖市场

占地面积：10 000平方米

建筑面积：8 000平方米

摊位数：370个

门面数：108个

经营户数：390户

市场从业人员数：1 000人

没有固定摊位的临时在门口和路边摆摊的摊贩数：80人

九宫庙农贸市场如图9所示。

图9　九宫庙农贸市场

①市场环境描述。

a. 市场内部环境。

九宫庙农贸市场的一楼主要是蔬菜摊位（如图10所示），其布局相对比较整齐，市场经营商品的分区也是相对合理的。

图10　市场一楼蔬菜摊位

九宫庙农贸市场的二楼主要是肉类摊位（如图11所示），其摊位布局毫无规划，分布也特别混乱，各家商品难以区分。本小组在下午到达调研地点时，摊贩都在坐着闲聊，不理顾客。

图11　市场二楼肉类摊位

九宫庙农贸市场的通道设置是合理的，不会导致人员的拥堵状况，但是九宫庙农贸市场的卫生状况却堪忧。一楼本来宽敞的通道由于摊贩的占道现象变得拥挤，卫生环境状况也因此减分。

在九宫庙农贸市场的二楼，通道阴暗有异味，卫生条件极其恶劣。二楼随处可见堆积的垃圾，且没有正规的垃圾桶，导致污水流出，整个二楼充斥着刺鼻的异味，让人觉得不适。市场二楼卫生环境如图12所示。

图 12　市场二楼卫生环境

b. 市场外部环境。

市场临近钢化路和八桥街道路，临近重庆轻轨 2 号线，451 路、818 路、229 路公交车经过，交通状况良好。市场周边停车不是很方便。市场周边有金地购物广场、香港城购物中心、金融广场、春晖御庭、国瑞购物中心等，也有三木花园、佳禾钰茂、金色世纪等居住区，居住人口数量均为1 000~1 500人。

②市场经营状况描述。

a. 市场经营主要分为以下几个大类：蔬菜、水果、肉类、水产、家禽、粮油、干副及调味品、日杂。摊主大多租赁多个摊位，进行多类产品的销售。

b. 市场顾客调查。

顾客人流量为 1 500 人次/天，高峰时段的人流量为 400 人次。我们还了解到，来九宫庙市场买菜的消费者多是每天都来光顾的类型，他们大都对市场相当满意。但是随着近年来附近商圈的发展以及大型超市和购物中心的出现，越来越多的顾客离开农贸市场，而仍然选择在农贸市场买菜的顾客多为图方便和便宜。

（3）百花农贸市场基本分析。

市场名称：百花农贸市场

市场详细地址：大渡口区九宫庙新工三村 68 号

市场类型：室内市场

占地面积：1 333 平方米

建筑面积：1 300 平方米

摊位数：50 个

门面数：10 个

经营户数：60 户

市场从业人员数：60 人

①市场环境描述。

a. 市场内部环境。

百花农贸市场位于大渡口区九宫庙街道新工三村 68 号，注册于 2004 年，拥有上下两层楼，不仅拥有摊位，还拥有门面。市场设施较为陈旧，但摊位布局整齐。市场经营分为蔬菜、家禽等 16 个区，分区较为细致合理。政府 2014 年对农贸市场进行改造后，整个市场焕然一新，具体改造内容包括对市场内破损的墙面、地面、门窗及其他设施进行更新维护，为百花农贸市场配置 50 多个专用垃圾桶，并提供专用垃圾袋，使市场卫生环境得到进一步改善。市场通道设置合理，每层楼都有 4 条安全通道，充分保证了农贸市场的通道安全。百花农贸市场平面导示图如图 13 所示，市场内部环境如图 14 所示。

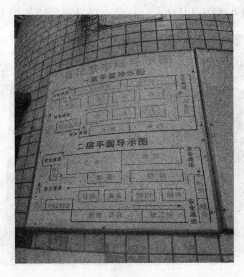

图 13　百花市场平面导示图

b. 市场外部环境。

百花农贸市场位于钢花路旁，其大门左边还有一条支路。市场地处百花村和新工二村两个公交车站中间，交通便利。由于百花农贸市场位于马路旁边，且没有属于自己的停车库，周边停车不太方便。在市场方圆 1 000 米的范围内，有餐馆、酒店以及各种商店，在市场方圆 500 米的范围内，有 16 个居住

图 14　百花市场内部环境图

小区，大约居住着 6 000~7 000 人。百花市场外部环境如图 15 所示。

图 15　百花市场外部环境

②市场经营状况描述。

a. 百花农贸市场一楼分为蔬菜、家禽、豆制品、粮食、冷冻品区，二楼分为鲜肉、日杂、面食、门市区，而门市区主要经营副食，大楼外广场为水果区。百花农贸市场经营分区情况如表 4 所示。

表4　　　　　　　　　百花农贸市场经营分区情况

项目	经营种类	经营摊位/门面数（个）	经营人员（人）	所占比例（%）
蔬菜区	各种时蔬	20	20	33.3
家禽区	鸡、鸭	5	5	8.3
豆制品区	豆腐、豆皮等	4	4	6.7
粮食区	大米、小米等	3	3	5
冷冻品区	水饺、汤圆等	5	5	8.3
鲜肉区	猪肉、牛肉等	7	7	11.7
面食区	面粉、面条等	3	3	5
日杂区	锅、碗、瓢、盆	3	3	5
门市区	副食	5	5	8.3
水果区	各种时令水果	5	5	8.3

b. 百花农贸市场每天的人流量可达300人次，高峰时段的人流量可达200人次，离得近的顾客可能一天来农贸市场1~2次，而离得远的顾客就可能是一周来2~3次。顾客对百花农贸市场比较满意，他们之所以选择在农贸市场卖菜，是因为相较于超市，农贸市场的产品种类更多、价格更便宜。

c. 通过对典型经营户的调查，我们了解到，大多数经营户都是在农贸市场建立之初就在市场做生意的，小部分人是后来加入的。而摊位根据位置的好坏，有不同的租金，好一点的可能每个月700~800元/平方米，而一般的就只要200~300元/平方米。在农贸市场做生意的经营户的经营时间一般都是早上6点到晚上10点，工作时长达16个小时。农贸市场内竞争激烈，大部分的经营者对自己的经营状况并不满意，对市场环境和管理的要求较高，而市场环境和管理并没有达到他们理想的状态，所以他们并不满意。

d. 针对市场管理办公室工作人员的问卷调查显示，他们都认为农贸市场对附近居民的服务贡献较大，解决了一部分居民的就业问题，且对政府税收做出了一定贡献。管理人员认为市场现阶段存在的主要问题就是马路菜市场对农贸市场的冲击较大，希望政府给予应有的重视。

二、大渡口区乡镇农贸市场发展存在的问题及其原因分析

本次调查共抽取3家农贸市场、10名负责人、30名摊主、30位消费者作为样本。虽然样本人数少，代表性不强，与实际情况可能有偏差，但是从样本中，我们也能看出大渡口区九宫庙乡镇农贸市场经济发展的良好势头，以及出现的瓶颈问题。对此，本小组根据以上统计信息和数据，得出了一些结论。

农贸市场经过10年的时间，在数量规模、规划布局、设施水平、规范管理等方面取得了长足的发展，但仍存在以下问题。

1. 难治的"顽疾"——马路菜市场

可以这样说，在大渡口区的每一个乡镇农贸市场附近，都有马路菜市场的存在，马路菜市场已成为一个难治的"顽疾"。虽然有关部门长期以来一直在加大整治力度，可总是收效甚微。一般有马路菜市场的地方，都是人口比较密集之地。有的马路菜市场甚至直接摆在农贸市场的门口，严重影响了农贸市场的营业。马路菜市场不但严重污染环境卫生，同时也造成交通堵塞，尤其是在上下班高峰期，不少地方更是被马路菜市场挤占得水泄不通，严重干扰了周围居民正常的工作和生活。

马路菜市场的存在，严重影响了正规农贸市场的正常经营。由于马路菜市场的冲击，大渡口区不少农贸市场的经营户数量急剧减少，一些市场甚至出现了大量摊位无人经营的尴尬情况，例如大渡口区鲤鱼农贸市场共有摊位130个，由于外面的马路菜市场影响了场内经营户的正常经营，现在市场内有人经营的摊位已不足100个。

大渡口区的马路菜市场经营者以周边的郊区菜农为主，这些菜农为何不进场卖菜呢？现在大渡口区的农贸市场一个月的摊位费普遍都在150元以上，高的达300元，加上每月50~100元的管理费以及几十元甚至上百元的水电费和其他费用，一个月下来，各种费用最起码也得在300元以上。菜农每天清晨就从家中挑一担菜进城卖，但到下午卖完也就只有四五十元的收入，再除去种菜的人力、投入成本以及运菜费用，一天算下来已没有多少利润了。如果菜农到蔬菜批发市场上去销售，利润大部分让菜贩子拿去了，自己所得的利润更寥寥无几。大多数农民都是以种菜为生，种出来的菜绝大多数都是自己挑到大渡口区城区的马路菜市场里销售。

价格让市民不愿进场买菜，众所周知，农贸市场内的经营户进场，得交纳一定的摊位费、管理费等费用，因而，他们所卖菜的价格与市场外边不交纳任何摊位费和管理费的马路菜市场里的小贩们相比，就会高出许多。

马路菜市场为何屡禁不止？除去一些客观原因，部门利益驱动、管理跟不上、规划不合理等也是原因之一。菜农在马路市场上卖菜时，一些办事处、居委会曾向他们收过"卫生处理费"等费用，因此，在马路市场上卖菜，菜农们认为理所当然。

2. 农贸市场规划布局不合理

（1）部分路段马路市场只"退路"未"进厅"。

该区连续几年取缔马路市场，取得了很大的成效，但仍存在一些问题。有些地方没有完全遵循"取建并举"的原则，而是为了完成工作任务，故而缺少统筹，考虑了退路，不考虑进室。又或者市场无室可进，马路市场取缔后，没有室内市场替代，造成了市民买菜困难。

（2）现存农贸市场临时市场比重大。

现存农贸市场中临时市场多，永久性市场少，给商品供应带来很大隐患。马路市场取缔后，应该安排卖家进入室内市场经营，但有些地区无法建设室内市场，就临时利用一些未开工的建筑工地、暂时闲置的厂房、场地开办市场。这些临时市场虽然解了燃眉之急，但绝非长远之计。一旦工地开工或厂房、场地进行其他用途开发，市场随之消亡，造成新一轮的"卖菜难"和"买菜难"。

（3）居民小区内农贸市场规划尚未落实。

按照该区《"九五"期间加强集贸市场规划建设的工作意见》的规定，凡开发建设新的居住区和危旧房改造区的，必须将集贸市场纳入商业网点进行配套规划和建设……按照每万户居民拥有集贸市场建筑面积不少于3 000平方米，每个集贸市场面积不低于1 000平方米的标准，由政府进行安排，并纳入控制性详细规划。但该项工作的执行情况很不理想，小区民居买菜仍然困难。

（4）农贸市场缺少统一规划、合理布局。

目前，全区尚未对农贸市场进行统一规划和布局，形成"买菜难"和"卖菜难"。

3. 农贸市场管理无序

（1）上市商品的质量和来源渠道无法保证，欺诈行为时有发生。

目前市民对市场反映最强烈的是假冒伪劣商品问题。调查显示，60%的被调查者认为假冒伪劣商品是当前市场中最大的问题，占被调查者反映情况中的第一位。市场上众多的农副产品中熟肉制品、豆制品和鲜肉的质量堪忧。这除了产品自身特点外，管理不到位也是重要的原因。市场上销售的熟肉制品和豆制品大部分不能提供合法的进货凭证，有的经营者声称是自产自销，其实是在没有任何许可的情况下，在家中非法生产后拿到市场来销售。调查中我们发现，一般正规的生产厂家经营比较规范，在出货时都是开具销货凭证的。没有进货凭证的大部分产品是在地下非法加工厂加工制作的。这样的食品在质量和卫生上没有任何保障，很容易给人的身体健康带来危害。鲜肉市场中注水肉现象也十分严重，群众意见很大，注水后的劣质猪肉比未注水的价格便宜30%~40%，给正常的市场秩序造成了很大的影响。

在部分管理不到位的市场，商贩欺诈消费者的行为更为严重。某些农贸市场近一半的秤具不合格。有些市场平时根本不设公平秤，只是在应付检查时做做样子。市场上包装的农产品，如水果，缺斤短两的情况也十分严重。

（2）市场对环境和交通的影响依然存在。

马路市场取缔以后，市场对城市环境的影响并没有完全消失，甚至在某些地区、某些时段，这种影响还十分严重。

一些马路市场被取缔后，没有室内市场可进，为了满足百姓购物的需求，商贩就被就近迁入临时的场地。这些场地或是土质地面或是拆迁后的废址，再加上缺少市场所需的垃圾桶和保洁员，经营环境十分恶劣，臭水横流、蚊蝇滋生，甚至不如原来的马路市场。有的室内市场擅自扩大场界，搞场外摊，造成环境脏乱，尤其在下班高峰期，室内市场外又形成了新的马路市场，很容易造成交通拥堵。有些市场经营活禽、活鱼，上下水设施不完善，并且就地宰杀。血水、鸡毛、鱼鳞满地，臭味难闻。大型批发市场虽然经过几年的改造，情况有所改变，但由于其交易人员车辆多、交易规模大，批发市场对环境的影响还是比较大的。每个批发市场平均每天交易人员都在万人以上，各种车辆达到300多辆，如此大的交易规模，对市场环境造成了很大的压力。

交通与市场的矛盾十分尖锐。批发市场每天大量的交易车辆给周边的交通带来了巨大的压力。虽然实行车辆限时、限路段行驶缓解了一定压力，但没有从根本上解决问题。农用机动三轮车虽然已经被交管部门明令禁止驶入城区，但仍有部分农用车在夜间进入城区，干扰市民的正常休息。人力三轮车是零售商的主要运输工具，每天批发市场周围的三轮车也阻碍了交通，且三轮车的存放也是一个令人头疼的问题。大批的三轮车很容易占领街道，给行人造成不便。

（3）部分市场官办色彩仍然很浓，市场管理人员素质普遍偏低。

一些原来街道办的市场在管办脱钩以后，仍然与原单位保持着比较紧密的关系，官商作风严重。管理人员经常为了维护市场的短期利益，重收费、轻管理，甚至充当非法经营的保护伞，给基层执法部门的秉公执法造成了较大的困难。

市场管理员是市场日常管理工作的直接执行者，他们工作的不到位，直接影响市场的经营秩序和环境状况。市场管理人员经过几年培训，虽然整体素质有所提高，但由于市场日常管理烦琐、具体，工作难度大，仍有部分管理人员责任心不强、纪律松散，出现工作时间不到岗、不认真履行职责、不及时制止市场中的非法经营行为的现象。市场主办单位疏于对管理员的管理，对出现问题的管理员不能严肃处理。

4. 市场基础设施薄弱

目前大渡口区的农贸市场，特别是一些老市场，普遍存在设施老化、建设水平不高的问题。一是大部分棚式结构的菜市场，因年久失修，棚顶漏雨、铁皮脱落，极易发生安全事故。二是排水系统普遍不畅，下水道时常堵塞，污水横流。三是没有垃圾处理系统，或者没有健全的垃圾处理系统，导致市场卫生环境差。四是进出通道设置不合理，人员拥堵现象经常发生。五是摊位建设简陋，大部分为水泥台面，粗糙难清扫，影响美观。六是管线安装混乱，没有统一布置，管线乱扯乱拉，不但影响环境，而且火灾隐患较大。七是冷冻设施缺乏，夏季极易造成食品变质，给居民消费安全带来极大隐患。八是大部分市场没有配齐消防安全设备，一旦出现意外，人员和财产安全得不到应有的保障。九是绝大多数市场没有停车场地，车辆随意摆放，阻塞交通，影响市容。

三、农贸市场发展对策建议

1. 政府将市场建设作为一项公益性事业

建议政府将农贸市场建设作为一项公益性事业，提高对农贸市场的认识，加强领导。农贸市场管理是一件能够代表最广大人民根本利益的大事，应该从政治的高度来认识农贸市场工作。

农贸市场不仅仅是一个经济场所，它一直是社会热点、难点问题的交汇点，其政治意义远远高于其经济意义。前几年有建市场、建绿地、修公路"不惜地"的说法，近年来绿地、公路建设得到了政府的高度重视，大渡口区的环境、交通状况有了很大的改善。但现在市场建设的情况与前几年相比确实发生了一些变化，马路市场、管理体制不顺等问题尚未得到较好的解决。为此，我们提出以下建议：

（1）政府将农贸市场建设作为一项公益事业来对待。

政府提供专项资金进行扶持，将现有的农贸市场的硬件设施进一步完善。市场内部的管理要作为一种无偿的服务，降低管理费、摊位费或不收这些费用，让在马路市场经营的这部分菜农和小商贩能进入室内经营，这样才能真正取缔马路市场。

（2）政府设立一个对农贸市场进行管理的公司化组织。

组织专门的工作人员进行规范化管理，在各农贸市场设立农残检测室，对当天的农产品进行抽样检测。公司组织不定期抽查，对不合格的市场要求停业整顿，并通过有关部门对合格市场授牌，再通过报纸、电视等有关媒体宣传哪些市场合格哪些市场不合格。农贸市场关系到市民的生活和健康，该机构必须对农产品质量等方面进行严格把关，对室内各经营户缺斤少两的欺诈行为严加监控，还市民一个良好的空间。另外，机构还要看到市场存在的隐患，这些隐患随着经济的发展随时有可能显现出来，政府必须给予高度重视，提前做好准备。

2. 合理规划，科学布局

根据当前现有大渡口区农贸市场和城市整体情况，我们可以作这样的构想：以大型农产品批发市场为供应基地，以城区几大批发零售市场为辐射点和集团供应点，以居民小区内市场为服务终端，从而形成完整的农副产品流通体系。

（1）稳定大型市场为中心市场。

中心市场的选定应该充分考虑市场现状与发展，避免简单上项目。目前大渡口区一些市场的交易额、交易量较大，基础也比较好，可以作为选择重点。但原则上还是要尊重市场规律的选择，随着公路的畅通和对公路网的完善，批发市场的格局还要发生变化。经过一段时期的市场选择，中心市场会逐步形成的。

（2）以城区批发市场为基础，进行区域性批发零售市场的改造。

对城区已经开始萎缩的批发市场因势利导，转变改造其为区域性的批发零售市场，主要供应机关团体和部分零售商，也可以辐射周边大面积的社区。政府要推进市场的升级改造，强行规定市场每年要从收入中提取固定比例的资金用于升级改造。明确区域性市场的设施标准，在蔬菜交易区要建设大棚，地面和排水设施要重点改造。蔬菜交易可以保留原有的灵活形式，在某种意义上，这种市场也是一个大型的蔬菜早市。这样既满足了团体购买需求，又可以满足低收入人群的需求。同时，应在蔬菜区内开设净菜、特菜专区，以满足不同层次消费者的需要。区域性市场要重点考虑交通问题，简单限制行驶不能根本解决问题。在交通建设时应该充分考虑市场的因素，有时要根据市场的总体情况进行一些交通方面的改造。

（3）重点抓好居民小区农贸市场的规划与建设。

居民小区将是城市民用住宅的主要形式，抓好小区市场的建设，零售市场布局的工作就完成了大部分。政府要搞好小区市场建设，必须发挥执法监督和宏观调控的作用，使小区市场在规划、建设、使用和经营方面得到很好的落实。农产品市场的建设要像小区绿地建设一样，规划必须落实，建成后由政府定底价，进行公开招标，中标单位不得将市场挪作他用。中标后经营不善的，由政府按底价收回，进行再招标。

3. 探索新的市场监管模式

（1）建立、完善政府管理体系。

市场管理不同于任何一种商业业态的监督管理，它涉及方方面面的工作，缺一不可。要管好市场，光靠工商部门是绝对不行的，必须要建立一个多方互动的体系。其中应该包括政府部门的行政管理，发挥政府职能，对市场行为进行规范，对市场中的违法行为予以处罚和纠正，为市场建设进行长期、科学的规划，指导市场的宏观发展。在市场经济下，随着竞争的加剧，市场自身企业管理的作用将越来越重要，市场必须提高自身的竞争力，提高企业的管理水平，否则很难生存。市场内经营者是市场管理的最终对象，也是管理的重点和难点。发挥经营者的主观能动性、发起经营者自律是关键。目前很多市场都成立了经营者的自律组织，许多管理中的矛盾通过经营者自律组织就可以得到圆满解决。经过一段时间的努力实践，目前"四位一体"的工作体系已经初步形成，今后还要继续探索完善，切实使四者有机结合，形成互动，让市场管理工作水平实现质的飞跃。

（2）完善市场内网络管理机制。

市场管理单靠突击整治是不行的，必须建立市场管理的长效机制才能从根本上解决问题。市场要建立和完善打假扶优维权网络和管理人员监督举报网络。这些网络的作用是使各种制度有机结合并运作起来，其一旦建立将充分发挥互动、连动的作用，大大提高管理工作效率。

①完善市场内打假维权网络。建立、推行名优企业、市场主办单位、执法部门以及消费者协会等多家参与的打假维权联系制度。由执法部门和市场主办单位共同协商聘请消费者监督员，共同参与打假扶优维权工作。将名优产品厂家引入市场，设立名优产品专柜。结合工商部门投诉电话，对投诉问题多的市场、商品展开专项整治。

②建立针对市场管理人员的监督举报网络，并完善消费者举报奖励和为举报人保密制度。市场服务管理机构应公布市场管理人员的监督举报电话。对市场中存在的管理人员不作为现象，执法部门应及时纠正，影响恶劣、后果严重的，要依法追究开办单位。

（3）完善上市商品的渠道认证制度。

为保证进货渠道的合法性、创建安全的消费环境、改变市场内商品渠道不清的情况，应对农产品市场上销售的豆制品、熟肉制品的进货合法性与安全性进行试点，要求经营者提供合法的进货凭证。然后，在试点的基础上，对市场内经营的商品全面推行索证制度，再结合索证，对场内商品的厂家进行考察备案。

参考文献

［1］张平. 农贸市场管理架构与机制［J］. 中国市场监管研究，2010(5).

［2］李静，韩斌. 中国农村市场化研究报告［M］. 北京：东方出版社，2011.

酉阳县李溪镇农贸市场发展研究

吴怡梅①

前言

农贸市场是指用于销售蔬菜、瓜果、水产品、肉类、调味品、土特产等各类农产品和食品的以零售经营为主的固定场所。乡镇农贸市场在乡镇人民日常生活中起着不可替代的作用，但其目前还存在一些问题。本人于 2015 年 3 月对酉阳县李溪镇农贸市场进行了调研分析。

一、市场基本情况描述

市场名称：李溪农贸市场

市场详细地址：酉阳县李溪镇长兴街

市场类型和规模：该市场是室内市场与棚盖市场相结合构成的，室外有棚遮盖，修建有摊位，供销售者售卖其商品。市场建筑面积大约有 2 800 平方米，拥有大概 130 个摊位，有门面 70 个，经营户数大约有 200 户，市场从业人员有 240 多人。李溪农贸市场每三天就有一天赶集天，赶集天存在较多临时在门口以及路边摆摊的摊贩。李溪农贸市场如图 1 所示。

二、市场环境描述

1. 内部环境

该市场的基础设施比较完善，但也比较陈旧，其店铺已有了历史感，墙面上也有了污迹。市场最近几年没有做太大的改造，其摊位布局比较合理，每种

---

① 作者吴怡梅系重庆工商大学 2012 级国贸专业学生。

图1　李溪农贸市场

类型的商品比较集中，也有比较清晰的分区，如百货交易区、蔬菜区、水果区、干副及调味品区、日杂区。通道就在两边摊位的中央，呈山字形，便于消费者购买与比较。平时消费者购买商品时，不会造成拥堵，只是遇到赶集的那天，因只有一条3米左右宽的通道，会造成一定的拥堵。市场的地面是水泥路，每天都有相关人员来清扫，卫生环境还是很好的。李溪农贸市场内部导示图如图2所示。

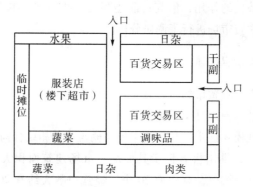

图2　李溪农贸市场内部导示图

2. 周边环境

该市场的地理位置很好，处在该镇的中心地带，人流量很大。市场旁，长兴街、秀沿街、酉沿街、中和街纵横交错，交通很方便。市场周围的居住区也很密集，但没有设置公共停车区域，停车不是很方便，人们只能在路边停车。市场周围有不少居民住宅，集镇人口近7 000人，全镇有32 000多人，有大量的消费群体。市场周围就是商业地带，有移动营业厅、超市、酒店、邮政储蓄银行、李溪中学、李溪小学、李溪政府、小博士幼儿园、卫生院等。

三、市场经营状况描述

1. 市场经营分区

该农贸市场大致可以分为百货交易区、蔬菜区、水果区、肉类区、干副及调味品区、日杂区六个大区（见图3），同时该市场楼下有一家大型超市。

（1）百货交易区：共有30家，其中有7家鞋店，15家服装店，还有几家是销售帽子、围巾、饰品等的店铺，一个店铺基本只有一个从业人员。

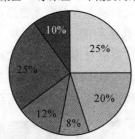

图3　李溪农贸市场经营分区情况

（2）蔬菜区：有25家左右的固定摊位（还有临时摊位，临时摊位平时不多，到赶集日就会增加很多），一个摊位只有一个从业人员经营。

（3）水果区：集中在外围，有10家左右，经营水果品种丰富，基本上是一人经营。

（4）肉类区：有12家，大多是夫妻一起经营。

（5）干副及调味品区：有15家，一人经营居多。

（6）日杂区：有30家，集中在市场的外围，基本上是夫妻共同经营。

2. 市场顾客调查

每天大概有800~1 000位顾客在市场上购买商品。每天的早晨是购买蔬菜的高峰时段，每逢赶集的那天，市场到处挤满了各乡前来购买日常所需用品的村民。我们发放了20份消费者问卷，根据问卷调查结果，顾客来市场买菜的频率大概是一周2~3次，大多数的顾客都是步行来的农贸市场，步行10~30分钟就可以了。顾客对本乡镇农贸市场的环境卫生以及市场秩序还是比较满意的，但对农贸市场外围马路市场不是很满意，他们认为外围马路市场占据了通道，影响人员的往来，尤其是赶集天，更是容易造成拥挤堵塞。至于大多数顾客为什么选择在农贸市场买菜，这是由于农贸市场上的蔬菜相较于超市里的蔬菜要新鲜一些，且顾客对超市蔬菜的来源不是很清楚，而农贸市场的蔬菜大多是农民自家种的，顾客能够安心购买，而且选择面也广，还可以讲价、货比三家。

3. 典型经营户调查

（1）蔬菜区。

我们选择两家经营户做了调查，第一家的经营者是一位大约60岁的婆婆，她在该农贸市场售卖蔬菜大约有4年了，同时我们还了解到，其摊位每年的租金为1 200元。摊位租金根据距离主要入口的远近而有所不同，为每年1 200~3 000元不等，经营的品种有姜、大蒜、鱼腥草、白菜、萝卜等，都是自家耕种的，经营时间大约从早上6点到晚上5点半。婆婆对市场的人气和经营状况不是很满意，认为平时前来购买蔬菜的人不是很多，只有赶集那天生意比较好，市场上同类竞争对手较多。婆婆对市场的环境大体满意，除赶集天外，市场地面上清洁状况还是挺好的，垃圾不是很多。每天都有管理人员来市场进行监管，保持市场秩序。李溪农贸市场蔬菜区如图4所示。

图4　李溪农贸市场蔬菜区

调查的第二家的经营者是一位40岁的中年妇女，在与她的交谈中，我们获悉她已在该市场经营了3年了，每年的租金是1 500元，摊位就在通道的入口处，最先进入消费者的眼帘，其经营的主要是魔芋、豆腐、香菇、豆芽、萝卜等，进货渠道是从秀山县城购进，她每天6点左右就到市场上来了，一直经营到晚上6点左右。她对本市场的人气和经营状况很满意，认为每天到市场上的人还是蛮多的，而且经营状况还不错，每年大概有20 000元的纯收入。该经营户对市场的环境也比较满意，认为周围的地面上垃圾较少，而且每个摊位都是固定的，也有分区，所以不存在混乱的经营现象。对于一些临时来卖蔬菜的农民，市场会留一些空的地方让其进行售卖，不会对其收取摊位费。该经营户对市场管理人员不是很满意，表示每天管理人员只是前来看看，然后就走了。

（2）猪肉类区。

我们选择了两家，第一家是夫妻一起经营的，他们在该农贸市场经营了10年了，每年租金1 300元。在与他们的谈话中我们了解到，猪肉的销售不是很好，尤其是过年的时候，农民会宰杀自己喂养的猪来过年。夫妻俩每天经营时间从早上7点到晚上6点，有时生意不好的时候或者猪肉剩的多的时候，可能会待得晚些。夫妻俩对本市场的人气不是很满意，认为来市场购买的人少了，生意不好做，而且还有几家售卖同类商品的竞争对手。他们对市场环境还是感到满意的，对管理人员的管理也满意。

调查的第二家经营户在本市场经营了8年了，其摊位租金为每年1 400元。该经营户每天早上5点就到市场摆摊了，晚上6点才下班，其猪肉是从当地的养猪场购买的，有时也会从村里的农家购买。该经营户对前来本市场购买商品的人员数量还是比较满意的，认为自己的经营状况还不错，一年大约有40 000元的收入。该经营户对市场环境不是很满意，认为赶集天人员太多，垃圾遍地都是，但他对管理人员的管理比较满意，认为管理人员让那些临时的摊贩在某个区域内进行售卖是很合理的。

至于干副及调味品店、日杂店，店长们表示他们的经营状况与进货渠道不方便透露，不过他们对市场的人气和经营状况还是大体满意的，对市场环境和管理也还满意，但认为市场的基础设施还有待完善。

4. 市场管理调查

我们向市场管理办公室的工作人员说明来意后，工作人员表示乐意支持我们的工作。据了解，本市场十几年前就建立了，市场业务归属于国家。该市场服务于周边的居民，方便居民对日常生活的所需品进行购买，大多数居民都能在半个小时内到达该市场购买蔬菜等生活资料。该市场不仅很好地服务了本地居民，同时还给本地居民提供了大量的就业岗位，解决了一些居民的就业问题。不过，工作人员还指出了该市场存在的一些问题，比如市场基础设施还不够完善、配套设施不齐全、没有灭火器等设施，对此他们表示，在今后的工作中会不断完善基础设施，对市场的外围路边摊位进行规划与规范，维护市场秩序。

四、市场的优劣势和存在的问题

1. 市场优势和积极意义

李溪镇位于重庆市渝东南边陲，地处渝黔一市一省五县结合部，与周边南腰界、秀山、毛坝乡、贵州沿河县中界乡等近十个乡镇接壤，同时326国道与渝东南地区出境公路也交汇于此。李溪镇是酉阳县的南部边贸重镇，被誉为酉阳的南大门，其地理位置有很大的优势，交通方便，起到很大的集散作用。李溪农贸市场位于李溪镇的中央位置，对周围居民区有极大的服务辐射作用，方便居民购买日常所需的蔬菜、肉类以及其他食品。同时，该市场提供了200多个就业岗位，对该镇发展经济以及打造边贸重镇起到了重要作用。

2. 市场劣势与存在问题的总结和分析

（1）李溪镇虽与十余个乡镇接壤，但其经济发展程度还不是很高，该市场的消费人群不大，发展前景不是很大。

（2）该市场的场地面积不大，市场周边规划的部分配套设施比较薄弱，不能满足大量消费者的需求。市场交通环境差，没有设置停车场，造成拥挤堵塞，周边居民的消费环境也受到影响。

（3）市场内部环境相对较差，水电与排水设施不齐全，市场的建设与维护不足，没有投入资金进行维护。基础设施不够完善，垃圾设施也不完善，出现垃圾乱堆的现象。总之，市场购物环境和卫生条件难以达到消费者的要求。

（4）农贸市场自身缺乏竞争力。市场上的商品结构不合理、种类不齐全，且没有相关的检验措施对市场上的商品进行质量检验。虽然该市场对商品进行了一定的分区，但是只有蔬菜区、水果区、猪肉区、干副及调味品区、日杂区等分区，缺乏水产区、禽类区等，市场上的商品不能满足消费者的不同需求。

（5）经营者的进货渠道较少、经济能力有限、经济知识缺乏、拥有的资金少、融资渠道有限、掌握的经济信息有限，这些都制约了市场经济的发展。

（6）农贸市场监管执行力弱，这主要是由于监管方面人才奇缺、制度落实难度大，且市场不重视对监管人员的管理培训和继续教育，再加上监管人员的独立性不强、家族式管理问题突出，农贸市场监管效果并不理想。

（7）市场上的价格不合理，有些商品的价格稍高，而蔬菜等农产品的市场价格很低，蔬菜等生活资料的卖方还可能承受买方讨价还价的压力。

五、关于进一步改进市场的建议

1. 完善市场周边交通等方面的基础设施的建设

俗话说得好，"要想富，先修路"，故应改善李溪镇到各乡镇以及各村的交通状况，同时还得大力发展乡镇经济，利用本镇的自然资源以及地理优势条件，充分发挥边贸重镇的优势，积极引进外资、扩大内需，发展特色的乡镇经济。

2. 注重市场内部基础设施建设

该市场的面积不大，可以适当进行一些扩建，满足市场需求，解决市场拥挤问题。同时，还需投入资金，对市场进行建设与维护，如整顿外围市场，对外围市场进行规范，使市场的结构更趋向于合理。出入口的设置有待进一步完善，应多设置出入口，方便居民购物，也使居民在发生危险时能更好地逃离。另外，还要不断健全和完善基础设施，比如售卖猪肉时，可以配置一台碾碎机，方便对猪肉进行初级加工，让消费者可以自己包饺子或抄手。

3. 合理布局，改善卫生条件

应完善市场内部功能布局，尽量将相同或者相似的功能组织在一起，形成不同功能模块间"大类分区、小类聚集"的特点，避免如肉类、生鲜与环境卫生要求高的服装区交叉布局的情况发生。应合理规划排水设施，避免阴沟带来的气味影响市场环境。应布置一定的休息集散场所，以免人流量过大时没有空间进行调节。另外，还应定点设置一些垃圾箱和一定数量的环卫设施，并雇佣环卫人员维持市场环境卫生。

4. 完善商品结构

目前，服装区所占比重较大，应适当进行调整。市场管理人员应积极引导市场经营者进行各种商品的经营，使市场商品种类齐全，从而满足不同消费者不同层次的需求。

5. 加大政策支持力度

政府应该积极为人民服务，对市场主体进行一些经济知识方面的教育与培训，给经营者提供一些融资渠道、一些经济信息，以及有关的政策支持。

6. 提高市场监管人员素质

对市场监管人员进行培训和继续教育，组织监管人员去学习、考察和交流，提高市场监管人员的素质和监管水平，抓好监管队伍的建设，切实落实国家的政策。

7. 制定合理的价格政策

相关部门应制定合理的价格政策，实行农产品价格信息化，对市场上的商品实行明码标价，规范农产品的最低价格，保证农民的合理收益。同时，政府还应贯彻实行三农政策，实施惠农政策。另外，要加强对农产品的深加工，如蔬菜，卖方可以实行"清洗、切好、包装好"一条龙服务，这样可以提升商品的附加值。

参考文献

[1] 钟祺，高艳英. 乡镇农贸市场的规划建设优化探讨——以临沂义堂为例 [J]. 中外建筑，2014（11）.

[2] 戴先福. 农贸市场发展的思考 [J]. 江苏商论，2001（7）.

[3] 王凯伟，涂义美. 城区农贸市场监管存在的主要问题及对策 [J]. 湖南财政经济学院学报，2012（2）.

[4] 李卫红，唐优泉. 浅谈桂林市农贸市场改造与管理 [J]. 桂林航天工业学报，2008（2）.

附录

乡镇农贸市场消费者访谈问卷

您好，我是重庆工商大学学生，现正在进行一项"乡镇农贸市场研究"的专题调查，最多耽误您 10 分钟的时间完成此次访谈。访谈内容将严格保密，请真实地回答每个问题。

（1）您认为我乡（镇）农贸市场网点布局以及经营门面、摊位的布局合理吗？

（2）您对农贸市场出售的农产品放心吗？譬如蔬菜、卤腊制品、冻货和腌菜等产品。

（3）您来市场买菜的频率为一周几次？

（4）您为什么要选择在农贸市场买菜？在超市买菜和在农贸市场买菜有什么区别？

（5）您来这儿使用的交通工具是（步行、自行车、公交车、开车）？到这儿花费的时间是？

（6）您认为本乡镇农贸市场的基础设施符合市场发展的要求吗？

（7）您对本乡镇农贸市场的环境卫生以及经营秩序满意吗？

（8）您对管理部门管理农贸市场外围马路市场的效果满意吗？

（9）您认为当前乡镇农贸市场可由超市等其他业态替代吗？

（10）您对市场商品结构、商品价格、管理服务满意吗？

（11）您对政府监管乡镇农贸市场的整体效果满意吗？

（12）您认为政府应如何加强对乡镇农贸市场的监管，以促使乡镇农贸市场健康、有序地发展？

再次感谢您的积极配合！

忠县汝溪镇综合农贸市场发展研究

邓娟　刘丹丹①

前言

乡镇农贸市场是指设立于城乡之间的可以进行自由买卖农副产品的场所，其主要销售蔬菜、瓜果、水产品、禽蛋、肉类及其制品、粮油及其制品、豆制品、熟食、调味品、土特产等各类农产品和食品，又称农贸自由市场或自由市场。我国的农贸市场产生于 20 世纪 80 年代改革开放时期，近年来，我国乡镇农贸市场发展迅猛，但其发展过程中也存在着不少问题。本小组于 2015 年 6 月对重庆市忠县汝溪镇综合农贸市场进行了调查研究，根据其现状分析了其发展中的利弊，并针对其中一些问题提出了建议。

一、汝溪镇综合农贸市场基本情况

汝溪镇综合农贸市场位于重庆市忠县汝溪镇 48 号，在镇江路与邮电路交叉口南侧 100 米的位置。该农贸市场为典型的棚盖市场，占地面积为 3 840 平方米，建筑面积为 2 000 平方米。市场中共有 38 个摊位、14 个门面、52 家经营户，市场从业人员有 152 人，除此之外，还有 12 个没有固定摊位的临时摊位，在市场大门口附近常有 10 个左右的摆路边摊的摊贩，高峰时期更多。

汝溪镇农贸市场建于 2003 年，营业面积达 1 380 平方米，有前后两个大门。前门正对镇江路主干道路，门宽约 6 米，是市场顾客的主要入口；后门则是一条通向汝溪文化广场的支路，宽约 8 米。农贸市场四周并没有专门的围墙。经过实地调研我们发现，农贸市场中没有"蔬菜类""水果类""家禽类"

---

① 作者邓娟、刘丹丹均系重庆工商大学 2013 级贸经专业学生。

"水产类"等标牌来对市场里的摊位进行具体划分。通过询问摊主我们了解到，这样的标牌一开始是有的，后来损坏之后便没有进行维修更换，到今天这些标牌已经没有了。汝溪镇综合农贸市场基本情况如表1所示。

表1   汝溪镇综合农贸市场基本情况

市场名称	地址	法人	类型	占地面积（平方米）	建筑面积（平方米）	摊位数（个）	门面数（个）	经营户数（户）	市场从业人员（人）
重庆市忠县汝溪镇综合农贸市场	重庆市忠县汝溪镇48号	钟礼生	棚盖市场	3 840	2 000	38	14	52	152

注：市场类型分为室内市场、棚盖市场、露天市场、占道经营市场。
资料来源：根据调研资料整理。

二、汝溪镇综合农贸市场的市场环境

1. 市场内部环境

汝溪镇综合农贸市场大门为开放式，宽约5米，大门进口右侧建有三个活动板房，互相间隔约1米，每个活动板房分成两个摊位，这三间活动板房均为卤制品门面。大门进口左侧是水果摊位，往里依次是蔬菜摊位、糖果摊位等。固定摊位采用砖混结构修建，四周及表面均贴有白色瓷砖，其为平台式结构，四角无排水孔，正前方无挡水线。进入农贸市场后不难发现，其中摊位分布显得有些拥挤，相邻两个摊位之间相隔不足60厘米，两个人同时进出都有困难，不便于经营者经营操作。水产区地势偏高，且摊位前没有完善的排水设施，没有留出足够的水产品粗加工区，以至于摊位前很大一片区域都湿漉漉的。市场内主干通道约2米宽，往里略微要宽些，但被门面经营者摆出的临时摊位占去部分区域后，所剩的宽度大约只有180厘米，每逢"赶场"或节假日等农贸市场高峰时期，这样的过道宽度和摊位间隔对消费者和经营者来说都太过狭窄。理论上来说，在2 000平方米的营业面积中安排48个摊位是绰绰有余的，那么为什么市场还会如此拥挤呢？原因就在于门面设计不合理。市场门面布局零散混乱，导致营业面积浪费，摊位难以布局。此外，市场中排水设施不完善，市场后门处是一条向下倾斜的公路，下雨天雨水很容易流进农贸市场内部，导致市场内部一片泥泞。

2. 市场外部环境

汝溪镇综合农贸市场所处的位置并不是汝溪镇的中心地带，但好在偏离繁华区域不算太远。汝溪镇最繁华的地段是汝溪大桥右端路段，农贸市场位于这段繁华路段的末端，被一片小区环绕，且左后方是汝溪车站。此外，农贸市场对面是佳荣超市、起点服饰、大拇指服饰，左边是海洋酒楼、不夜天农家菜、渝味源家常菜，右边是乔丹服饰、亿联服装超市、婴幼尽有孕婴生活馆、刘建军副食、秀琼副食，而正后方大约 300 米处还有 2010 年新建成的小区，新小区的建设使得农贸市场后方的道路得以拓宽，在改善交通状况的同时也增加了停车位。汝溪镇综合农贸市场外部环境如图 1 所示。

图 1　汝溪镇综合农贸市场外部环境

三、汝溪镇农贸市场的经营状况

1. 市场的经营分区、经营种类及其结构

农贸市场所经营的商品可分为以下几个大类：蔬菜、水果、肉类、水产、家禽、粮油、干副及调味品、日杂。市场经营分区情况如表 2 所示。

表 2　　　　　　　汝溪镇综合农贸市场经营分区情况

经营分区	经营摊位（个）	占比（%）	门面数（个）	占比（%）	经营户数（户）	占比（%）	从业人员（人）	占比（%）
蔬菜	6	15.8	4	28.6	10	19.2	23	15.1
水果	6	15.8	1	7.1	7	13.5	16	10.5

经营分区	经营摊位（个）	占比（%）	门面数（个）	占比（%）	经营户数（户）	占比（%）	从业人员（人）	占比（%）
肉类	13	34.2	1	7.1	14	26.9	40	26.3
水产	1	2.6	0	0	1	1.9	4	2.6
家禽	0	0	1	7.1	1	1.9	4	2.6
粮油	0	0	1	7.1	1	1.9	8	5.3
干副及调味品	6	15.8	3	21.4	9	17.3	27	17.8
日杂	6	15.8	3	21.4	9	17.3	30	19.7

注：表中数据出入系四舍五入所致。

资料来源：根据调研资料整理。

　　水果摊位位于最靠近市场大门的位置，共6个摊位。与大型超市不同，农贸市场所出售的水果大多是各种应季水果以及苹果、香蕉等比较耐存放的水果，几乎没有反季节水果的身影。经营者大多从忠县、梁平、万州等地的水果批发市场进货，除了这6个固定摊位出售水果外，还有一个经营副食的门面也在门口架设了出售水果的摊位，当然，其数量和品种都少于专门的水果摊位。固定的蔬菜摊位共6个，紧挨着水果摊位，蔬菜品种多以胡萝卜、土豆、洋葱、芹菜、葱、姜等耐存放的品种为主，其比重在60%左右，菜椒、豆角等应季蔬菜占40%。蔬菜经营者们大多从万州、忠县、梁平、丰都等县的蔬菜批发市场进购蔬菜，而从汝溪镇当地农民家中进购蔬菜用于销售的很少，在6个固定的蔬菜摊位中只有两家，且比例仅为8%，这是因为汝溪镇当地的蔬菜种植不发达，没有形成规模。经营粮油类产品的经营户只有一家，经营面积在25平方米左右，有4个从业人员。这一经营户不仅在门面内出售粮油产品，还在门面门口设有活动摊位，出售一些干副、调味品、蔬菜等非粮油产品，但非粮油产品仅占总产品的15%左右。干副及调味品的经营户有11家，从业人员共22人，其中门面有6家，从业人数为12人，固定摊位有5个，从业人数为10人。除了这11个专门经营干副及调味品的经营户之外，还有两个蔬菜摊位和一家粮油产品门面也在出售干副及调味品，但因其出售的比例很低，均不超过各自出售总产品的10%，故在此不将这些经营户算在干副及调料品经营户内。肉类摊位集中在农贸市场中央区域，被各种门面环绕，共建有13个固定摊位，但因为生猪的消耗量没有那么大，大部分时间这13个摊位不会同时经营，比如调研期间就只有 4 个摊位在出售猪肉，在节日或"赶场日"，出售猪肉的摊位会有所增加。家禽区位于肉类区旁边，25 平方米左右的区域内有两家经营户，活禽区、冷冻区、宰杀区等区域分工明确，待售的活禽都被关在铁笼中。宰杀区设有 3 个水龙头，都接着 2 米左右长的塑料软水管，可以方便地冲洗地板上因为宰杀家禽留下的污迹。我们还发现，宰杀区有较好的排水设施，排水沟的位置安排得很合理，冲洗污迹的水流可以很顺利地流入排水沟，地面上并没有积水留下。经营者还告诉我们，他们会定期在家禽区撒上生石灰进行简单消毒。家禽区和肉类区出售的活禽和生猪约有 64% 来自汝溪镇本地，36% 来自野鹤镇、新场乡、涂井乡、黄金镇等相邻乡镇。近年来，汝溪镇的养殖业有所发展，据粗略估计，汝溪河上游就有养鸡场 19 个、养猪场 13 个，也许在不久的将来，农贸市场中本地生猪和活禽的比例还会有所上升。水产区设立在距肉类区进口大约 4 米的位置，只有一家经营户，从业人员有 3 个。水产区建有一个深约 40 厘米、长约 120 厘米、宽约 100 厘米的水泥池，可将活的水产临时养在池中。水池旁就是水产处理区，顾客挑选好水产后，摊主就在这里宰杀好并进行简单冲洗，但由于排水工作做得不到位，常常会有水流到地势较低的过道上，造成不便。水产区主要出售鱼类，偶尔会出售黄鳝、泥鳅等，这是因为汝溪本地及周边乡镇的鱼类养殖发展得较好，有任家沟水库养鱼场、万胜水库养鱼场等比较有规模的养鱼场，还有许多小型的个体养殖户提供鱼类，但黄鳝、泥鳅等非鱼类养殖不发达，此类水产基本靠乡民们捕捉野生的，再出售给水产经营户，故黄鳝、泥鳅数量稀少，大约只占鱼类水产的 10%，季节不对时甚至根本看不到黄鳝、泥鳅的身影。日杂产品的经营户共 7 家，从业人员有 18 人，其中有固定摊位经营户 3 家，其从业人员共 6 人，有门面经营户 4 家，其从业人员共 12 人。

2. 市场顾客调查

（1）农贸市场人流量。

汝溪镇农贸市场位于乡镇，故其人流量在平日里和"赶场日"有很大差异。我们调研当天刚好是汝溪镇的赶场日，经过粗略估算，当天人流量大约有 10 000 人次，高峰时段为上午 10 点到下午 2 点，此间人流量大约有 8 000 人次。如果是端午节、中秋节、春节等节日，人流量会更大，大约会达到 35 000 人次，接近汝溪镇全镇的常住人口。但平常农贸市场的人流量就要小得多，大约每天 3 000~5 000 人次，甚至比不上"赶场日"高峰时段的人流量。非高峰期市场人流量情况如图 2 所示。

图2　非高峰期市场人流量情况

（2）顾客满意度。

此次调研我们还针对顾客对农贸市场的看法展开了调查，通过发放问卷，我们了解到大约有75%的顾客选择在农贸市场购买产品而不是超市，他们认为农贸市场的产品更新鲜，价格也适中，而且农贸市场的蔬菜品种更多，便于挑选，如果觉得价格不合适，还可以与摊主讲价，这些都是当地超市所不具备的特点。而且乡镇上的超市与城市的大型超市有很大不同，大型超市中生鲜是吸引顾客的非常重要的一部分，而乡镇超市的生鲜产品几乎只是"附属品"，品种、数量都很有限，到超市购买的顾客大多是居住地离农贸市场较远的居民。事实上，对乡镇居民而言，农贸市场已经深深地融入他们的日常生活。从问卷调查的结果来看，100%的受访者都认为"当前的乡镇农贸市场不能被超市等其他业态代替"。顾客到农贸市场的购买频率差别较大，其购买频率其实是跟他们到农贸市场的距离密切相关的，步行在20分钟内能到达农贸市场的顾客们的购买频率都是每天购买1次或每周购买4次，约53%的顾客以这样的频率购买。而超过20分钟路程的或需要乘车的顾客，其购买频率一般为每周1~3次，约有43%的顾客以这样的频率购买。当被问及对农贸市场现状的看法时，约10%的顾客对市场现状非常满意，约68%的被访问者对本乡镇农贸市场的基础建设和环境卫生比较满意，他们认为农贸市场的商品结构较为合理，价格也适中。约22%的受访者则认为政府对农贸市场的管理还不够完善，管理呈现明显的"时段性"，致使农贸市场的秩序和卫生状况时好时坏。顾客购买频率统计、满意度统计分别如图3、图4所示。

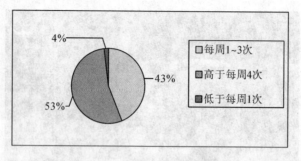

图3　顾客购买频率统计

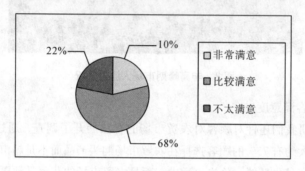

图4　顾客满意度统计

3. 典型经营户调查

　　了解了顾客的想法后，我们又将视线转向了农贸市场的经营户。我们选取了几个典型的经营户，向他们了解情况。首先是水果类产品经营户，他们的水果产品都在固定摊位上售卖，摊位租金为700元/年。这些经营户经营水果都超过10年，其中一位姓杨的经营户在农贸市场建成之前就已经在经营水果了。这些经营户经营的都是苹果、梨、香蕉等常备水果以及桃、李等应季水果，彼此经营的品种几乎一样，偶尔有谁"推陈出新"了，其他人也会迅速效仿。这些经营户彼此的进货渠道也差不多，都是在万州、忠县、梁平等县的水果批发市场进货。当我们问起销售额时，经营户们表示"这要看生意好坏，好的时候一天超过1 000元，不好的时候只有100多元"。其次是蔬菜类产品经营户，其情况与水果经营户们相似，每年租金也是700元，主要从万州、忠县等地批发进购土豆、洋葱、胡萝卜等常备蔬菜，也有少量从菜农那里收购应季蔬菜的。他们每天早上6点左右进入农贸市场摆摊，晚上6点收摊。然后是干副及调味品经营户，这其中有6家门面、5个固定摊位，有2个固定摊位经营户和6家门面经营户都是自农贸市场建成起就开始经营干副及调味品，至今已有

11年。另外 3 个固定摊位经营户则是后来才进入农贸市场的，至今也有 8 年了。干副及调味品固定摊位比水果、蔬菜固定摊位更靠里一些，所以租金比水果、蔬菜摊位便宜，为 500 元/年，而门面的租金则要高得多，为 6 000 元/年。最后是粮油经营户。汝溪镇农贸市场只有一家粮油经营户，该经营户为门面经营户，至今从事粮油经营已有 9 年。其多从万州、重庆、忠县等地的批发部进货，除了经营粮油产品外，还在门面门口设有活动摊位，经营少量的干副产品及果蔬，门面面积在 25 平方米左右，租金为 8 000 元/年。其活动摊位也要上交租金，为 200 元/年。当提到政府对农贸市场的管理时，不少经营户表示，政府管理方面有待加强，每年几乎只有收取租金时才会见到市场管理人员的身影，有事需要相关管理人员帮助时，往往不能及时得到回应。

4. 市场管理调查

针对农贸市场的管理等问题，我们来到了汝溪镇政府咨询情况。通过咨询相关管理人员我们了解到，汝溪镇综合农贸市场占地 3 840 平方米，物业归属于汝溪镇政府。市场自 2003 年建成后先后有过几次施工，先是 2011 年年底在农贸市场右侧，即水果摊位对面建了 3 个活动板房，每个活动板房的面积约为 4 平方米，原来露天经营卤制品、凉菜等熟食的摊位迁入了板房中。再就是 2013 年 4 月，农贸市场右侧的围墙被拆除。相关工作人员还告诉我们，目前汝溪镇政府还没有成立专门的汝溪镇综合农贸市场管理办公室，只有城建办公室的几个工作人员在监管农贸市场的相关事务。正是由于缺少专门的人员来管理，才导致农贸市场的很多管理工作不能及时、顺利地进行。目前农贸市场本身的面积偏小、分区不够明确、进出口小，人流量大时很容易出现拥挤现象，但这样的状况不会持续太久，因为汝溪镇政府正在准备一个更大型、更正规的新农贸市场的建设工作，目前选址工作已经完成，且已有初步设计图，政府将成立专门的农贸市场管理办公室来处理农贸市场的相关事务，并在新的农贸市场中安排管理人员值班，改变现在的管理困境。

四、市场优劣势及存在问题分析

1. 市场优势和积极意义

综合来看，汝溪镇综合农贸市场的优势主要有三点。第一，所处的地理位置较好。市场离汝溪镇繁华地段较近，周边商业带来了很多客源。第二，竞争对手少。市场周围没有大型超市与之竞争，且超市的价格都是"一口价"，而农贸市场的价格具有一定的弹性，人们往往觉得可以讲价的农贸市场更实惠。第三，"赶场"习俗的存在使得农贸市场的辐射范围进一步扩大。汝溪镇综合农贸市场给汝溪镇当地及野鹤镇、涂井乡等相邻乡镇的居民带来了许多积极影响。首先，农贸市场为周围居民的日常生活提供了极大便利；其次，农贸市场对规范市场起到了很大作用，将许多农副产品经营户和日杂、粮油等产品经营户集中起来，使经营规范化，便于管理；最后，农贸市场的建立带动了当地的经济发展、促进了就业，周围的商业为农贸市场带来了客源，反过来，农贸市场也给周围的商业带来了市场。

2. 市场劣势及存在的问题

第一，基础设施缺乏。市场容量不足，适应不了经济发展的需要。

第二，存在非法竞争现象。农贸市场缺乏经济活力，市场效率不高，乡镇农贸市场普遍有"乱摆摊"现象，这一老生常谈的问题却实实在在地对农贸市场的活力造成了很大的负面影响。

第三，没能做到与当地经济发展深度挂钩。调研过程中我们发现，农贸市场中出售的产品只有极少部分来自汝溪镇本地，自己家门前的销售平台完全没有拿得出手的自家产品。

五、关于进一步改进市场的建议

第一，调动各方投资，加强对农贸市场基础设施的建设和管理。

第二，加强监督，减少或杜绝非法竞争现象，维护良好的市场环境。

第三，将农贸市场与汝溪镇当地经济发展融为一体，将农贸市场这一天然的销售平台好好利用起来，大力发展汝溪镇当地的农副产品种植、家禽和水产的养殖，这样生产与销售相互促进，才能使汝溪镇的经济有长足的发展。

参考文献

[1] 王宏志. 农贸市场改超市要因地制宜、多种模式 [J]. 无锡商业职业技术学院学报, 2004, 4 (4).

[2] 徐海燕, 骆国城. 乡镇农贸市场升级创新管理路径研究——以浙江为例 [J]. 中国市场, 2012 (35).

江津区小官山农贸市场发展研究

李平　赵莎①

本小组于 2015 年 1 月采用问卷调查的方法在重庆市江津区小官山农贸市场进行了调研，了解了该农贸市场的情况，分析了其存在的问题，并给出了一些改进建议。

一、市场基本情况

1. 市场基本情况描述

重庆市江津区小官山农贸市场位于江津区小官山城南路杨嗣桥街路品西侧，与小官山汽车站相邻，交通便利。小官山农贸市场作为江津区规模最大的农贸市场之一，拥有两层室内市场和较庞大的占道经营市场。市场总占地面积大概有 3 000 平方米，建筑面积大约为 2 400 平方米，拥有 206 个固定摊位和 198 个临时摊位，摊位的利用率大约为 87.6%，另外有门面 23 个，经营户数大约为 500 户，市场从业人员粗略估计有 2 000 人。小官山农贸市场由江津燕山公司经营管理，属于股份制市场，摊位有出售和租赁两种经营模式。摊位是依据其所在位置定价的，位置靠前的小摊位月租金为 5 000 元左右，靠后的较便宜，海鲜类摊位月租金在 10 000 元左右。与其他农贸市场相比，小官山农贸市场地理位置优越、客流量大、顾客忠诚度较高，故其摊位租金略高于其他农贸市场。

2. 市场基本情况图述

（1）小官山农贸市场总体图。

小官山农贸市场总体图如图 1 所示。

---

① 作者李平、赵莎均系重庆工商大学经济学院 2012 级会展班学生。

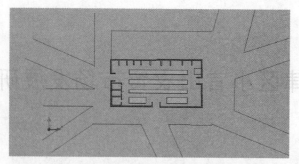

图1 小官山农贸市场总体图

（2）小官山农贸市场第一层经营分区情况。

小官山农贸市场第一层经营分区情况如图2所示。

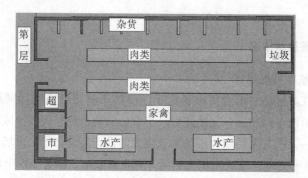

图2 小官山农贸市场第一层经营分区情况

（3）小官山农贸市场第一层立体图。

小官山农贸市场第一层立体图如图3所示。

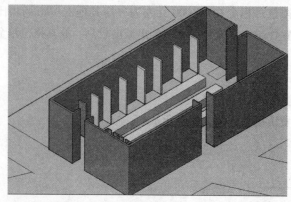

图3 小官山农贸市场第一层立体图

（4）小官山农贸市场第二层经营分区情况。

小官山农贸市场第二层经营分区情况如图4所示。

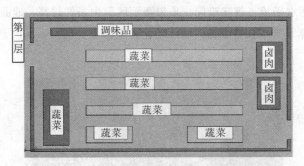

图4　小官山农贸市场第二层经营分区情况

（5）小官山农贸市场第二层立体图。

小官山农贸市场第二层立体图如图5所示。

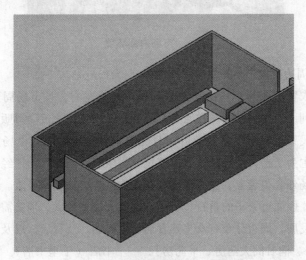

图5　小官山农贸市场第二层立体图

二、市场环境描述

1. 市场内部环境

小官山农贸市场设施大都比较简陋，经营者都提出市场摊位设计的高度不大合理，功能不完善，存在一些问题，摊位上的瓷砖因年久失修而掉落很多，泛黄的污渍比比皆是，经营者都希望管理者能解决这些问题。市场摊位布局合理，整齐一致，摊位间的通道较宽，能保证高峰期时室内不会出现拥堵现象。

市场经营的商品分区合理，如家禽、肉类和水产等气味大的商品单独在一层楼，和瓜果蔬菜等产品陈列分开，以缓解臭味问题。家禽、水产区的卫生条件较差，地面污水横流，气味难闻。瓜果蔬菜区卫生条件较好，地面上无明显垃圾，且无刺鼻气味。农贸市场内墙面老化，维修不到位。市场内部环境如图6所示。

图6　市场内部环境

2. 市场周边环境

小官山农贸市场与小官山车站相隔仅100米左右，且市场周边有4条街道，交通便利，消费需求大。在营业高峰期时，市场周边流动摊贩多，摊位散乱，而且市民买菜时习惯将烂菜叶、豆壳等扔在地上，因此市场周边垃圾满地。有些摊主为了扩大销售额，突破摊位空间限制，溢摊、出摊经营，将经营摊位拓展到场外和街道上，造成人流和车流混乱，交通堵塞严重。农贸市场离居民楼很近，也靠近繁华的重百步行街，因此人流量较大，消费需求大。农贸市场为适应发展，周边分布有众多熟食店、生鲜店、杂货店，以及三个大药房（惠民大药房、桐君阁大药房、平药房）、一个书店（千里书店）。市场周边环境如图7所示。

三、市场经营状况描述

1. 小官山农贸市场经营情况

小官山农贸市场分为蔬菜、水果、肉类、水产、家禽、粮油、干副及调味品、日杂8大区。蔬菜类摊位占总摊位数的49.5%，从业人员数占总从业人员数的60%；水果类摊位占总摊位数的5%，从业人员数占总从业人员数的5%；肉类商品摊位占总摊位数的12.4%，从业人员数占总从业人员数的11%；水产

图 7　市场周边环境

类商品摊位占总摊位数的 5%，从业人员数占总从业人员数的 4%；家禽类商品摊位占总摊位数的 9.4%，从业人员数占总从业人员数的 7%；干副及调味品摊位占总摊位数的 3.7%，从业人员数占总从业人员数的 5%；日杂类商品摊位占总摊位数的 3.2%，从业人员数占总从业人员数的 5%；粮油类商品摊位占总摊位数的 2%，从业人员数点总从业人员数的 3%。小官山农贸市场经营分布情况如表 1 所示。

表 1　　　　　　　　　　市场经营分布情况

单位:%

摊位类型 ＼ 比例	摊位占总摊位的比重	经营户占总经营户的比重	从业人数占总从业人数的比重
蔬菜	49.5%	50.3%	60%
水果	5%	6.2%	5%
肉类	12.4%	12.7%	11%
水产	5%	6.1%	4%
家禽	9.4%	10%	7%
干副及调味品	3.7%	4.9%	5%
日杂	3.2%	5.5%	5%
粮油	2%	4.3%	3%
空摊	9.8%		

资料来源：根据市场调研资料整理。

2. 市场顾客调查

（1）小官山农贸市场因地理位置和其他因素影响，每天人流量很大，其中6：00～8：59农贸市场的人流量为4 830人次，9：00～15：59农贸市场人流量为1 500人次，16：00～19：00农贸市场人流量为3 300人次。

（2）顾客每周到市场购买的频率。

顾客每周到市场购买的频率如图8所示。

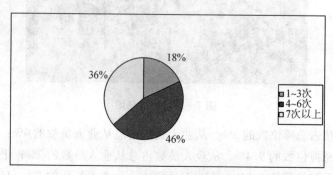

图8　顾客每周购买频率情况

资料来源：根据现场调研资料整理。

从图中可以看出，每周到农贸市场1～3次的人占18%，4～6次的人占46%，7次以上的占36%。这表明大部分人平均每天都要去一次农贸市场，大家对农产品的需求是不间断的，农贸市场在人们的日常生活中有着举足轻重的地位，给居民生活带来了便利。

（3）农贸市场布局合理情况。

农贸市场布局合理情况如图9所示。

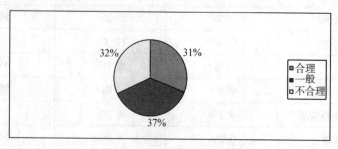

图9　市场布局合理情况

资料来源：根据现场调研资料整理。

从图中可以看出，认为本乡镇农贸市场网点布局和经营门面布局合理的人占 31%，认为一般合理的占 37%，认为不合理的占 32%。总的来看，1/3 的人认为市场布局较合理，1/3 的人认为不合理，这和居民个体情况有关，比如到农贸市场的距离以及自身的需求。

（4）农贸市场存在的主要问题分析。

农贸市场存在的主要问题分析如图 10 所示。

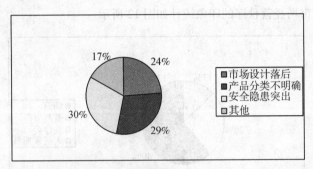

图 10　市场存在的主要问题

资料来源：根据现场调研资料整理。

从图中可以看出，认为市场设计落后的顾客占 24%；认为产品分类不明确的顾客占 29%；认为市场安全隐患突出的顾客占 30%；其他的占 17%。这表明，农贸市场存在诸多问题需要解决，解决了这些问题，农贸市场才能跟上现代化城市的需求。安全隐患突出是一个非常重要的问题，必须引起重视、及时整改，以免造成人员的伤亡。

（5）顾客对农产品的放心度。

顾客对市场所售农产品的放心度情况如图 11 所示。

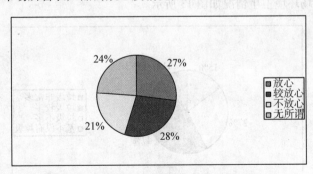

图 11　顾客对市场所售农产品的放心度

资料来源：根据现场调研资料整理。

从图中可以看出，消费者对农贸市场所售农产品放心的占27%；较放心的占28%；不放心的占21%；无所谓的占24%。消费者的消费态度逐渐倾向于商品的营养和质量，故农贸市场的产品质量应逐步提高，政府和经营者都应采取行动改善这方面的问题。

（6）农贸市场的经营秩序。

顾客对市场经营秩序的印象统计如图12所示。

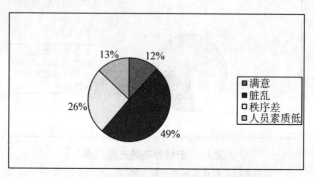

图12　顾客对农贸市场经营秩序的印象

资料来源：根据现场调研资料整理。

从图中可以看出，顾客对本乡镇农贸市场的经营秩序满意的占12%，认为市场脏乱的占49%，认为市场秩序差的占26%，认为市场人员素质低的占13%。这表明，农贸市场存在脏乱、秩序差、人员素质低等问题，相关部门应加强这方面的管理，改善农贸市场经营秩序。

（7）农贸市场的环境卫生。

农贸市场环境卫生情况如图13所示。

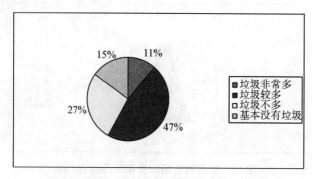

图13　农贸市场环境卫生情况

资料来源：根据现场调研资料整理。

从图中可以看出，认为农贸市场垃圾多、无处落脚的占11%；认为地面垃圾较多、气味难闻的占47%；认为地面垃圾不多、气味较淡的占27%；认为基本没有垃圾的占15%。这表明，农贸市场存在环境问题，垃圾多对前来购买的居民造成了不便，影响了农贸市场整体环境以及产品的安全卫生。对此，卫生部门应加大整治力度，商贩们和消费者也应注意不乱扔垃圾，保持农贸市场的整洁。

（8）外围马路情况。

顾客对管理部门管理市场外围马路市场效果的满意度如图14所示。

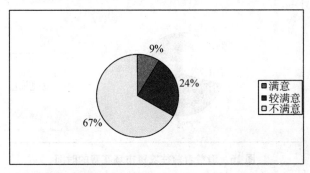

图14 顾客对管理部门管理市场外围马路市场效果的满意度

资料来源：根据现场调研资料整理。

从图中可以看出，对管理农贸市场外围马路市场效果满意的人占9%；较满意的占24%；不满意，认为路边摊把市场外面塞住的占67%。这表明，管理部门对农贸市场外围马路市场的管理还有待提高，需要进一步加强对外围马路的管理，维护好秩序，管理好占道摊贩，防止交通拥堵给出行人员带来不便。

（9）顾客选择农贸市场的原因。

顾客选择农贸市场的原因如图15所示。

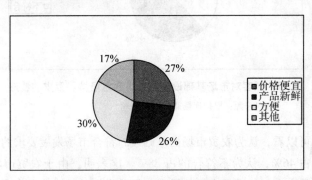

图15 顾客选择农贸市场的原因

资料来源：根据现场调研资料整理。

从图中可以看出，因价格便宜而选择农贸市场的人占27%；因产品新鲜而选择农贸市场的人占26%；因方便而选择农贸市场的人占30%；其他的占17%。这表明，人们购买产品还是采取就近原则，哪儿近在哪儿买，同时，消费者对物美价廉的产品更加青睐。

（10）消费者前往农贸市场花费的时间。

消费者前往农贸市场花费的时间如图16所示。

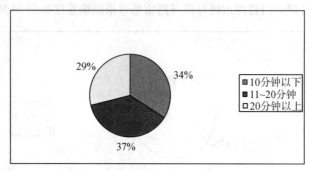

图16 消费者前往农贸市场花费的时间

资料来源：根据现场调研资料整理。

（11）基础设施情况。

顾客对市场基础设施是否符合市场发展要求的看法如图17所示。

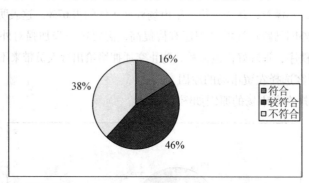

图17 顾客对市场基础设施是否符合市场发展要求的看法

资料来源：根据现场调研资料整理。

从图中可以看，认为农贸市场的基础设施符合市场发展要求的占16%，认为较符合的占46%，认为不符合的占38%。这表明，由于农贸市场经营开办时间长，产品丰富，能满足人们的需求，但是市场基础设施有待完善。

市场基础设施不符合发展要求的原因统计如图18所示。

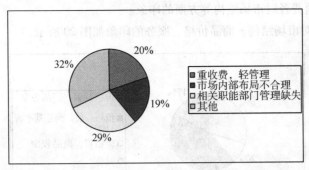

图 18　市场基础设施不符合发展要求的原因

资料来源：根据现场调研资料整理。

　　从图中可以看出，认为农贸市场基础设施不符合市场发展要求的原因是重收费、轻管理的人占 20%，认为是市场内部布局不合理的人占 19%，认为是相关职能部门管理缺失的人占 29%，其他的占 32%。这表明，健全农贸市场基础设施需要政府大力支持，应加强相关部门的管理，加强对农贸市场管理人员的监管以及培训，搞好基础设施建设，以更好地服务农贸市场。

　　（12）农贸市场能否被其他业态代替。

　　顾客对农贸市场能否被其他业态代替的看法如图 19 所示。

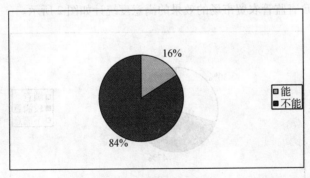

图 19　顾客对农贸市场能否被其他业态代替的看法

资料来源：根据现场调研资料整理。

　　从图中可以看出，认为农贸市场能被其他业态代替的人占 16%，认为不能的占 84%。这表明，目前农贸市场在消费者心中有着不可替代的地位，在农贸市场购物是多年来人们习惯的一种消费方式，短时间内是不会改变的。农贸市场给人们日常生活带来便利，在人们生活中扮演着重要的角色。

（13）消费者对市场结构等方面的印象。

消费者对市场结构、商品价格、服务的印象如图20所示。

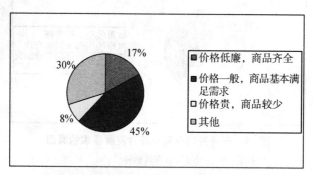

图20 消费者对市场结构、商品价格、服务的印象

资料来源：根据现场调研资料整理。

从图中可以看出，认为农贸市场价格低廉、商品齐全、管理服务到位的人占17%，认为价格一般、商品基本满足需求的占45%，认为价格贵、商品较少的占8%，其他的占30%。这表明，本农贸市场具有价格适中、商品种类多的优势，能满足人们的生活需求。

（14）顾客对政府监管农贸市场的效果的满意度。

顾客对政府监管农贸市场的效果的满意度统计如图2所示。

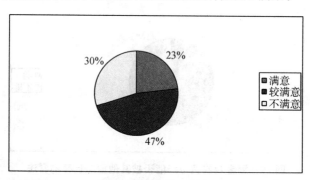

图21 顾客对政府监管农贸市场的效果的满意度统计

资料来源：根据现场调研资料整理。

从图中可以看出，对政府监管乡镇农贸市场整体效果满意的人占23%，较满意的占47%，不满意的占30%。这表明，政府总体监管效果还是不错的，赢得了大部分群众的认同，只是还需要继续加强对农贸市场的监管，为群众营造一个良好的购物环境。

四、小官山农贸市场 SWOT 分析

1. 优势

（1）农贸市场开办时间较长，商业基础好。

（2）农贸市场规模较大，农产品种类多，能满足消费者对商品的多样化需求，是商品批发集中地。

（3）农贸市场在时间、空间上具有优势。超市一般 9 点开始营业，并且空间有限，这点农贸市场更具优势。

（4）交通便利，位置较好。

（5）价格实惠。农贸市场具有相对价格优势，从生产者到消费者手中减少了中间环节，节约了成本。

（6）解决就业，缓解就业压力。农贸市场提供了就业机会，有利于经济发展和社会稳定。

（7）增加税收。农贸市场交易额虽小，但交易量大，为税收做出了贡献。

2. 劣势

（1）市场里鱼龙混杂，存在比较严重的商品质量隐患。众多的个体小贩采取租赁摊位的形式贩卖商品，还存在流动小贩，客观上形成了进货渠道广而杂的局面。

（2）农贸市场外围马路易堵塞。由于管理不善，路边占道摆摊的商贩影响了交通，造成了道路的拥堵。

（3）基础设施功能的缺失，造成购物和卫生条件不尽如人意。就目前农贸市场现状来看，供水、排水等设施陈旧，污水处理以及消毒设施基本不具备，农贸市场垃圾遍地、污水横流、淤泥成堆。

（4）噪音污染。附近居民频繁投诉，认为噪音严重影响了自己的生活，带来很大的不便。

（5）安全隐患。农贸市场聚集的人多，现场安全措施不到位，灭火器等消防设施不具备，埋下了巨大的安全隐患。

（6）分散经营，难以进行统一的管理。市场管理者对各经营户的总交易额不清楚，不能准确把握市场供求状况，对市场未来前景无法做出准确判断，从而难以为政府调控市场提供科学的依据。同时，由于个体摊位多、流动性强、经营户自身素质不齐，农贸市场在文明经营、规范服务等方面问题重重。

（7）经营者抱怨摊位租金太贵，管理却不到位，还有很多不合理的规定，如一个水产类摊位只允许卖两种商品等。

3. 机会

（1）稳定的客户。销售者经营时间较长，有自己的老顾客，建立了自己的信誉，在价格上可以优惠，这种相互信任的关系是超市等业态无法获得的。

（2）消费习惯。消费者通常要求商品新鲜、低价、品种全，特别是要能够现场宰杀和加工畜禽、水产等鲜活食品。农贸市场在短时间内既可以较大程度满足消费者的多元化需求，也可以满足消费者的个性化需求。

（3）价格相对低廉。菜农在农贸市场直接提供的生鲜农产品，价格一般会低于生鲜超市，加上目前农贸市场的进入成本也较低，这决定了农贸市场在提供农产品时具有绝对的价格优势。

4. 威胁

（1）人们逐渐提高的生活质量意识。随着城乡居民收入水平的逐步提高和消费能力的不断增强，人们越来越注重生活质量和生活环境的改善，对购物条件的要求更高了，包括购物环境、食品质量、卫生条件等。

（2）"农改超"政策的压力。超市生鲜农产品的经营适应了社会经济发展的需要，在发展过程中得到了政府在政策上的大力支持。

（3）传统农贸市场阻碍了城市现代化建设。农贸市场自身存在的弊端已越来越不适应城市建设和管理的要求，大部分市场建筑设施已经陈旧老化，有的甚至是简易棚盖市场，还有为数不少的占道市场，严重影响了城市交通、城市环境和居民生活。落后的市场拖了城市发展的后腿，也不符合科学发展观的要求。

五、进一步改进农贸市场的建议

农贸市场在满足人民群众日常生活需要、活跃地方经济、促进社会发展中起到了不可替代的作用。与其他商业设施的功能相比，农贸市场不仅具有一定的社会性，还具有很强的公益性。因此，农贸市场要坚持与城镇建设同步规划、同步建设，且要改变只靠政府投入的单一方式。为此，我们提出六点建议和对策。

1. 加大管理工作力度

市场管理部门要督促市场开办者落实管理责任，规范市场经营户经营行为，并健全管理措施，使市场管理有序。另外，要制定摆卖、保洁制度，并严格按照制度执行。

2. 明确责任部门

各部门各司其职，办好自己的事，管理人员全局把控。

3. 加快市场升级改造速度

随着重庆市城市化进程的不断加快，改造传统的农贸市场，对改善城市卫生环境、提升城市形象有着十分重要的作用。农贸市场升级改造是构筑食品安全体系的有效途径，能够为广大人民群众营造一个整洁、舒心、放心的购物环境。

4. 加强对私营市场的报建审批管理

凡是新建私营市场，一定要按照市场建设标准进行审批和验收，达不到要求的，一律不许开业。

5. 进行制度创新

一是建立管理目标考核责任制，花大力气解决市场脏、乱、差等问题，达成硬件设施改善、市场繁荣活跃、卫生制度落实、商品质量放心和文明服务优良的目标。二是积极开展达标评比竞赛。诚信经营户不仅能获荣誉牌匾，还可得到市场物业方面的优惠待遇，如此，可以提高市场经营户参与标准化管理的积极性。三是探索建立新的运行机制和管理模式，进一步推进农贸市场的设施改进和管理创新，努力形成一个环境整洁、服务周到、功能完善、市场繁荣的良好局面。

6. 改善市场环境，提高卫生质量

加大宣传力度，让全民参与市场环境整改。具体来说，要强化监督管理、加强保洁队伍建设、改善保洁设施、开展大扫除工作、加大处罚力度、落实门前卫生责任制。

参考文献

[1] 张迎维. 市场与政府 [M]. 西安：西北大学出版社，2014.

[2] 全国城市农贸中心联合会. 中国农产品批发市场行业通鉴 [M]. 北京：中国农业科学技术出版社，2014.

[3] 刘智超. 农贸市场与农产品超市经营比较分析 [J]. 商业经济，2010 (3).

[4] 王凯伟，涂义美. 城区农贸市场监管存在的主要问题及对策 [J]. 湖南财政经济学院学报，2012 (2).

[5] 何海军，武鹏鹏. 农贸市场在农产品商贸流通体系中的地位再思考——以重庆农贸市场为例 [J]. 市场论坛，2011 (2).

附录

乡镇农贸市场消费者访谈问卷

您好，我是重庆工商大学学生，现正在进行一项"乡镇农贸市场研究"的专题调查，最多耽误您10分钟的时间完成此次访谈。访谈内容将严格保密，请真实地回答每个问题。

（1）您认为我乡（镇）农贸市场网点布局和经营门面、摊位的布局合理吗？

A. 合理　B. 一般　C. 不合理

（2）若您对市场布局和经营门面、摊位的布局不满意，那您认为存在的主要问题是？

A. 市场设计落后，不合乎相关标准，功能不完善

B. 摊位散乱，产品分类不明确

C. 市场门面设施简陋老化，安全隐患突出

D. 其他

（3）您对农贸市场出售的农产品放心吗？譬如蔬菜、卤腊制品、冻货和腌菜等产品。

A. 放心，食品新鲜，农药量小

B. 较放心，食品较新鲜，没有过期现象且农药量一般

C. 不放心，食品不卫生，经常有过期食品且农药量大

D. 无所谓，反正食品都一样

（4）您对本乡镇农贸市场的经营秩序印象如何？

A. 满意　B. 脏乱　C. 秩序差　D. 人员素质低

（5）您认为乡镇农贸市场的环境卫生如何？

A. 垃圾多，无处落脚　　　B. 地面垃圾较多，气味难闻

C. 地面垃圾不多，气味较淡　D. 基本没有垃圾，基本没有难闻气味

（6）您对管理部门管理农贸市场外围马路市场的效果满意吗？

A. 满意，交通通畅无堵塞

B. 较满意，有较少路边摊

C. 不满意，路边摊把市场外面塞住了

（7）您来市场买菜的频率为一周几次？

A. 1~3次　B. 4~6次　C. 7次以上

（8）您为什么要选择在农贸市场买菜？在超市买菜和在农贸市场买菜有

什么区别？（多选）

　　A. 价格便宜　B. 产品新鲜　C. 方便　D. 其他

（9）您来这儿使用的交通工具是（步行、自行车、公交车、开车)？到这儿花费的时间是？

　　A. 10 分钟以下　B. 11~20 分钟　C. 20 分钟以上

（10）您认为本乡镇农贸市场的基础设施符合市场发展的要求吗？

　　A. 符合　B. 较符合　C. 不符合　D. 其他

（11）您认为本乡镇农贸市场的基础设施不符合市场发展要求的原因是？（多选）

　　A. 市场经营者重收费、轻管理　　B. 市场内部布局不合理

　　C. 相关职能部门管理缺失　　　　D. 其他

（12）您认为当前乡镇农贸市场可由超市等其他业态替代吗？

　　A. 能　B. 不能

（13）您对市场商品结构、商品价格、管理服务的印象是？

　　A. 价格便宜、商品齐全、管理服务到位

　　B. 价格一般、商品基本满足需求、管理服务较好

　　C. 价格贵、商品较少、管理服务质量差

　　D. 其他

（14）您对政府监管乡镇农贸市场的整体效果满意吗？

　　A. 满意　B. 较满意　C. 不满意

再次感谢您的积极配合！
祝您身体健康，工作顺利，生活愉快！

黔江区水田乡农贸市场发展研究

张林　张潇　梁青青①

前言

我国农贸市场形成于 20 世纪 80 年代改革开放后，是城乡中普遍存在的农产品自由买卖的场所。随着城乡的发展，农村、城镇农贸市场的发展一直是国家建设的重点，也是百姓关注的焦点。农贸市场涉及每个人的饮食起居，也在城乡统筹建设、城乡发展中扮演了重要角色，是中国特色社会主义城乡建设的成功产物。21 世纪到来后，农贸市场随着国家现代化建设的步伐一路成长。农贸市场现状、发展趋势、优势、存在的问题都值得我们去深入研究。本小组于 2015 年 2 月 5 日至 10 日对重庆黔江区水田乡农贸市场进行了调查研究，分析了其发展状况及存在的问题，并提出了对策建议。

一、农贸市场的由来

农贸市场又称农贸自由市场或自由市场，是指在城乡设立的可以进行自由买卖农副产品的场所。农贸自由市场是我国 20 世纪 80 年代改革开放的产物。改革开放初期，农村和城市恢复了曾被视为"资本主义尾巴"的农贸自由市场，老百姓以一种欣喜的心情接受了农贸自由市场的到来。在农贸自由市场，人们可以买到新鲜的农副产品，且可以挑选和议价。摊贩之间形成了竞争关系，价格可以随行就市。随着农贸自由市场在全国的发展，国营的蔬菜店和副食店很快就被"挤垮"了。

---

① 作者张林、张潇、梁青青均系重庆工商大学 2012 级会展班学生。

二、市场基本情况描述

市场名称：重庆黔江区水田乡农贸市场

市场地址：黔江区水田乡

市场类型：棚盖市场和占道经营市场为主

占地面积：约 1 333 平方米

建筑面积：1 000 平方米

摊位数：54 个

门面数：44 个

经营户数：90 户

市场从业人员数：160 人

三、市场环境描述

随着改革的深入和人民群众生活水平的提高，水田乡农贸市场自 1993 年建立以来，经过 20 多年的发展，到 2014 年全乡门面数已增至 20 余个，市场从业人员大约有 350 人。随着流通体制改革的深化，政府为了丰富市民的菜篮子，加大了投资力度，统筹规划建设市场，市场便由原来的单一占道经营模式逐渐演变为现在的棚盖市场和占道经营市场相结合的模式。但是由于水田乡商贸流通水平较差，人均收入水平低且属于贫困乡，所以农贸市场发展缓慢，布局和其他方面还存在很多不合理的地方。

1. 市场内部环境

（1）优点。

市场经营商品多是分区经营，经营布局较为合理，比较符合购买人员的需要。市场蔬菜区如图 1 所示。

（2）不足。

第一，在农贸市场的棚户区，各摊位招牌随意设计，没有统一的标准规范，招牌挂放的位置杂乱无章，所有招牌都很陈旧，上面沾满了污渍，且字迹不清、铁锈密布，不仅丑陋而且影响农贸市场整体环境。第二，街边和棚户区内环境卫生条件较差，存在垃圾乱丢乱扔现象，特别是熟食区制作卫生条件差，这很大程度上影响了顾客的购买欲。第三，市场内部通道狭窄，且地面凹凸不平，不利于行人和车辆通过，遇到人流高峰期容易造成安全事故。第四，管理不规范，管理的执行力度不够，市场里存在随意停放车辆、占用道路的行为。

图 1　市场蔬菜区

2. 市场外部环境

（1）优点。

第一，水田乡农贸市场距黔江主城区仅 19 千米，距正阳火车站仅 8 千米。市场到黔江主城区只需 30 分钟，到正阳火车站只需 10 分钟。再加上黔枫路贯穿了龙桥村和水田村，市场与主城区的联系更加紧密。第二，农贸市场两边都是居民区，且两边有大量固定商铺，人流量大。

（2）不足。

第一，市场外只有两条道路，且都较为狭窄，在人流高峰期经常出现拥堵现象（见图 2），不利于人们的出行，且对市容市貌也产生很大的影响。第二，没有专门的公交车线路，也没有专门的停车位，不方便居住较远的居民前来。

图 2　市场外拥堵现象

四、市场经营状况描述

1. 市场经营分区描述

市场经营分区情况如图 3 所示。

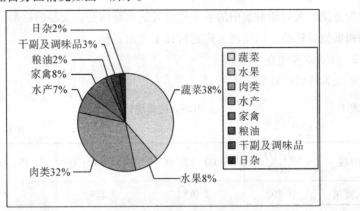

图 3　市场经营分区情况

资料来源：根据调研资料整理。

市场各类产品经营人员分布情况如图 4 所示。

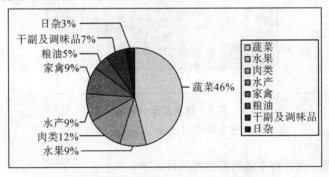

图 4　市场各类产品经营人员分布情况

资料来源：根据调研资料整理。

由图 3、图 4 可知，农贸市场中蔬菜类摊位所占比例最大，其次为肉类、水果。可以看出，人们日常生活必需品在市场中所占比例明显高于其他类别的产品。由各类别经营人员分布比例情况可以看出，蔬菜从业人员仍在市场所有从业人员中占有最大比重，但占摊位比重不大的家禽类和水产类，其从业人员所占比重却较大。这种现象的出现主要是因为水产和家禽需要处理，所以需要更多人手。

该农贸市场由棚顶摊位式卖场和连体室内式卖场组合而成，蔬菜类、水果类、肉类销售以摊位式为主，而对于不易移动、经营需要固定地点的水产、家禽、干副及调味品、日杂类的销售，则需要依附于门面这样的固定地点来完成。虽然市场内部的摊位、门面等基础设施陈旧、功能不完备、配套不完善，但基本的经营分区还是比较合理的。通过考察我们可以看出，集市一般设在交通较为方便、人口相对集中的乡镇结合处的道路两旁，交易的物品一般为日常用品和低值易耗品，以实现为附近村民服务的目标。

2. 市场顾客调查

市场人流量统计如表1所示。

表1　　　　　　　　　　　市场人流量统计

单位：人次

时段	9：00以前	9：00~12：00	12：00~15：00	15：00以后
人流量	1 463	4 465	3 274	853

资料来源：根据调研资料整理。

顾客买菜频率统计如图5所示。

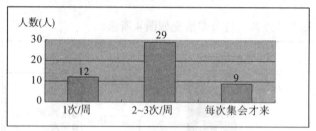

图5　顾客买菜频率统计

资料来源：根据调研资料整理。

顾客及经营者对市场的满意度统计如图6所示。

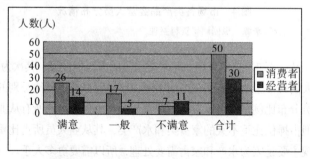

图6　顾客及经营者对市场的满意度统计

数据来源：根据调研资料整理。

由表1可知，每天市场总人流量在10 000人次左右，占到了该农贸市场周边居住人口的三分之一左右。其中，上午是人流量最大的时段，其中高峰时段是9：00~12：00，人流量达到了一天总人流量的近二分之一。12：00以后还有消费者继续进入市场，下午15：00以后基本没有人再进入市场。通过80份抽样问卷调查推算，该地大部分人每周在农贸市场买菜2~3次，几乎占到了总人数的60%，极少有人每次集会都到农贸市场买菜。通过消费者和经营者对市场满意度的调查我们得知，50%以上的消费者对农贸市场的经营较为满意，只有1%左右对市场不满意。但是对经营者的调查结果显示，对市场经营满意的不足50%。

我们从人流走向、市场特殊性、市场周边环境三方面对市场进行了分析。由于农贸市场的消费人群主要是集市周边乡村的居住者，大部分距集市有10~20分钟的车程，不算太近，所以9：00以前进入市场的人并不多，人们大都集中在9：00以后、午餐之前进入市场买菜。此后，午餐时段以后还有一个人流涌入的小高峰。由于人们要赶回乡村，所以下午15：00以后，基本就无人再进入市场。从市场满意度调查来看，消费者对农贸市场的总体满意度高于经营者对农贸市场的满意度，主要原因有：消费者在农贸市场通常只短暂停留，对市场没有深入了解；当地消费市场单一，未与其他类型消费市场形成对比；经营者长期处在市场内部，可能存在厌倦情绪。此外，经营者对市场环境和内部管理机制都极为熟悉，可能知道很多市场的不足之处。

3. 典型经营户调查

蔬菜类、水果类、肉类典型经营户经营年数如图7所示。

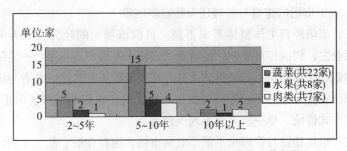

图7　蔬菜类、肉类、水果类典型经营户经营年数

数据来源：根据调研资料整理。

由图7可知，该农贸市场大部分经营者经营了5~10年，有极少部分是营业10年以上的，其中蔬菜和肉类经营者多经营了5~10年，水果类经营者中，经营了5~10年的人所占比重也不小。

针对经营者经营年数统计，我们分析，农贸市场的经营者基本都是常年居住在城镇周边的群众，市场竞争性较弱，所以经营相对固定，经营年限较长。此外，据我们的了解，该农贸市场的经营者对市场的不满意主要集中在市场环境较差和管理机制不科学上。由于市场基础设施较陈旧，摊位下方砖墙上有污渍，某些门面存在光线较暗、墙面涂层脱落等现象，地面常有积水，造成顾客行走不便、经营环境受影响等问题。另外，还存在摊位招牌随意悬挂、摆放，货物堆放杂乱等问题，对此，市场没有统一管理标准，对经营者的效益造成损害。所以，相较于消费者，经营者对农贸市场的满意度较低。

4. 市场管理调查

水田乡农贸市场自 1993 年建成投入使用以来，不断为当地居民提供便利，为该乡创造了大量经济效益。全乡收入水平较低，从收入构成上看，受初级农产品附加值低和市场过剩等因素的影响，经营者通过自产自销的方式不能获利，甚至会亏本。农民的现金收入主要来自"打工"，全乡有非农业收入的农户占 15%。随着生活水平的逐年提高，本地居民消费水平也逐年提高，农贸市场收益得以上涨，为当地政府带来不少税收，当地经济也得到了发展。同时，市场消费能力的提升促进了市场的发展，也促进了当地就业。

（1）市场与超市选择。

询问当地群众选择农贸市场或超市的理由时，常年在市场上消费的年龄相对较长的人回答说，市场产品比较新鲜廉价，大多都是周边居住的农民自己种植的，而且都是老熟人，自己比较放心。有些偶尔来买菜的人通常会选择超市，因为超市明码标价，而且还销售其他日常消费品，可以一起购买。

（2）农贸市场的建设与管理还面临很多困难。

第一，市场经营主体整体素质不高。目前市场上的经营者多为个体工商户、私营业主，构成相对复杂，经营者的文化水平也相对有限。一是经营者缺乏商品知识和法律知识，其销售的商品存在安全隐患；二是经营者与消费者时常因为摊位安排、市场环境等问题发生矛盾，这往往影响消费者的正常消费；三是经营方式传统、单一，多为小规模经营。

第二，市场建设与管理水平低。农贸市场普遍存在脏、乱、差的问题，没有统一的管理规章制度，各项监管标准不明确。

第三，市场建设发展意识不强，机制不活跃。市场建设与管理市场化推进较慢，经营市场的思想不够解放，管理理念落后，政府没有出台对农贸市场的激励机制。

五、市场的优劣势和问题分析

尽管从行业性质来看，农贸市场属于商业服务交易平台，但其所经营对象是用于满足民众日常生活需求的农副产品，这使得农贸市场除了具有公益性之外，其也带有弱质产业的特征。只有充分发挥农贸市场功能，才能从根本上解决当前城市居民买菜贵、农村菜农收入低和蔬菜价格波动大等问题。各级政府在监管中必须立足于公益，以有效维护农贸市场的社会经济功能为基本目标，避免陷入监管误区。要兼顾民生改善和产业发展，这样才能充分发挥市场机制和政府调控作用，达到社会经济市场化改革的基本目的。

1. 农贸市场的社会经济功能

（1）流通功能。

农贸市场是满足城市居民副食品需求的主要交易场所。此外，农副产品的贸易终端还包括超市和露天早晚市，但是数据显示，70%的农副产品交易仍然是通过农贸市场实现的，为城市居民提供新鲜的蔬菜副食品，满足居民日常食品需求，是农贸市场的基本功能。

（2）带动功能。

农贸市场是蔬菜副食品零售交易的平台，其购销能力的优劣必然对农副食品批发、运输、生产、农资以及农业科技研发等相关环节的发展产生深远的影响，不仅能够带动相关产业发展，还能保障和提高农民收入，解决三农问题。

（3）吸纳功能。

从就业角度来看，农贸市场不仅可以吸收部分富余的城市劳动力，同时也能促进相关产业进行扩张，在农副产品产业链的各个环节上为社会提供大量的就业机会，如此，有利于改善就业状况、降低失业率，从而促进社会稳定。

（4）汇集功能。

农贸市场可以将分散在城市各处的不必要的摊点和马路市场集中在一起。这种汇集功能不但避免了生鲜产品带来的各种液体、固体污染物散布在各个居民区，也将零散交易的人汇集起来，有利于营造良好的市容市貌、美化城市环境、维持社会秩序。

2. 农贸市场经营的优势、劣势分析

（1）优势分析。

第一，商品优势。农贸市场上销售的商品通常以各类时令蔬菜、瓜果、家畜、家禽、水产品、副食品（豆制品）等老百姓日常生活餐桌上的必需品为主，其主要特点就是生、鲜、活。农贸市场中成百上千的摊位，每一个摊位又有若干个进货渠道，多渠道带来多种商品，可以满足人们多样化的需求。市场经营者经营灵活，每个摊位的经营者一般都按市场需求来组织货源，提供五六种商品供消费者选择，商品各具特色，应季商品多，经营者对自己每天能够卖出去的商品数量也能大概做到心中有数。而超市里的同类商品从蔬菜采摘到净菜上市，时差往往超过 24 小时，蔬菜的新鲜度自然比不过农贸市场，且花色、品种也受制于批发市场菜源。

第二，价格优势。农贸市场上的生鲜商品不需要经过复杂的加工、挑选、包装等工序，经营者都是些分散的小商贩，收购过来之后可以自己整理，个人劳动力不计入成本之内，除了缴纳固定数额的税费、摊位费和进货成本外，再没有任何其他较大的支出，因此其商品价格相对较低。通常来说，超市经营生鲜产品的成本包括超市本身的租金、税金、管理费用、人员工资等，采购的成本、谈判费用、运输费用、储藏费用、加工整理包装费用、蔬菜损耗等各种开支必然会造成超市生鲜商品的价格高于农贸市场同类商品的价格。

第三，时间和空间上的便利性。超市开张普遍没有农贸市场早，一些习惯于早上买菜的中老年人会感到不便。市场经营者在中午会有二次采购，以方便傍晚 5 点下班的人可以买到新鲜菜。超市的蔬菜经营区域大多设在卖场最里面，顾客在整个走动过程中要经历大部分非生鲜商品，浪费了时间。超市付款排队现象时有发生，高峰时段消费者经常等候十几分钟。而农贸市场每次交易完毕就付款一次，不会遭遇"堵塞"等瓶颈现象，便于上班族直接买菜回家。还有就是农贸市场可以讨价还价，结账时几毛钱的尾数可以舍去，而超市则来不得半点马虎，几乎是"分分必较"。农贸市场在居民区集中的区域都有布点，市民步行几分钟即可到达。农贸市场充分适应了消费者主要在清晨购买、就近购买的习惯。

（2）劣势分析。

第一，质量安全难以保证。农贸市场进货渠道较为混乱，没有任何的检测环节。超市的生鲜食品从采购到进场一般都有控制措施，进场后还要经过检测、分级、加工、包装、冷藏等一系列标准化工序才能上架与消费者见面。一些超市还拥有生产基地，对农产品的产、加、销实施全程控制，有效保证了产品的质量安全。超市一般能对所售商品的质量安全承担责任，而农贸市场则很难进行跟踪管理。超市生鲜农产品的包装上都贴有标签，标签上注明生鲜农产品的名称、规格、价格、保质期等，这种统一包装和计量计价，既方便了顾客，又避免了短斤少两的问题。

第二，购物环境嘈杂。一到上午 11 点钟，农贸市场内的经营者就推着三轮车或者拿着菜筐在巷子里摆摊，严重阻碍了交通，且市场内车辆上下货的声音、小贩叫卖的声音很大，破坏了城市文明。就是在这样的环境中，居然还有直接食用的熟食类商品售卖，腌制品也一应俱全，这类商品在农贸市场竟然没有任何卫生防护措施，在夏季里甚至可见蚊虫乱飞，卫生状况令人担忧。在购物环境方面，超市明显优于农贸市场。超市整洁、干净，有的开设现场加工区域，将加工制作的全过程明示给顾客，还放有音乐，使顾客心情愉悦。

第三，缺乏规模优势。农贸市场的经营者普遍反映，超市的出现对自己的销售有很大影响。以鲜肉为例，超市鲜肉的供应商从优质生猪育苗、饲养、检疫、屠宰，到鲜肉加工、运销，已建立起符合超市经营需求的专业化产销链，供应的鲜肉数量大、品种多，被消费者称为放心肉。再以蔬菜为例，超市经营的蔬菜在品种、档次等方面也有区分，既有初加工蔬菜，又有经过切割、搭配、包装的净菜，以满足消费者多样化的需求。超市营销经验成熟，设立推荐商品和广告商品专柜，每天选出 1~2 种蔬菜搞特价，还用 POP 广告形式在门口列出一周中每天的特价商品目录，以吸引消费者。农贸市场里都是个体经营户，进货数量、成本和销售额只有经营户自己清楚，管理者也缺少市场规范管理的意识，因此在统一管理上存在相当大的难度。

3. 机会、威胁分析

（1）机会分析。

第一，居民收入水平。现实生活中，中低收入者在购物时更多是选择经济实惠的食品，而高收入者讲究的是商品的安全舒适，所以通常不会去农贸市场购买餐桌食品。在餐饮业中，除少数经营户依靠配送中心或副食基地供应商品外，其他经营户的生鲜活商品还是集中在农副产品市场购买。由于收入低，价格成为外来人口消费生鲜农产品时的首要考虑因素，故农贸市场是这些人的首选，而要改善他们的经济状况则是一项长期工程，因此，农贸市场在相当长的时间里仍有存在的社会基础。

第二，居民的消费习惯。对于生、鲜、活商品，消费者通常要求商品新鲜、低价、品种全，最好是能够现场宰杀和加工。农贸市场在短时间内既可以较大程度地满足消费者的多元化需求，同时又可以满足消费者的个性化需求。另外，讨价还价是大多数消费者的购物习惯，这种习惯一时之间是难以改变的。我们在调研中发现，很多销售者都经营了 10 年以上，都有自己的老顾客，销售者愿意在价格上给予这些老顾客优惠，也会提前通知老顾客商品品种或价格的调整，这种互相信任的关系是超市无法获得的。

第三，价格低廉的长期优势。我国 8 亿农民的受教育程度普遍较低，劳动供给的机会成本很小。农民在农贸市场直接提供的生鲜农产品的价格一般会低于生鲜超市的农产品价格，加上目前农贸市场的进入成本也较低，决定了农贸市场在提供生鲜农产品时具有绝对的价格优势。在发展生鲜超市的过程中，为达到连锁化经营规模，必须比其他超市多建一个生鲜配送中心，还必须在门店投入相应的冷冻、冷藏、加工设施，这决定了超市在蔬果加工方面毫无成本优势。

第四，"放心消费工程"增强了抗衡能力。重庆市率先在大批发交易市场及城镇城区零售农贸市场推行了市场准入制度，对消费者购买药残超标的蔬菜和有毒、有害副食品实行市场先行理赔制度，取得了显著效果。经营者在批发时会有质量检测环节，一旦不合格则不准出售，且每天都有专人不定时地检查商品质量。实践表明，如果农贸市场在源头上解决了产品质量安全问题，再加强自身硬件、软件的建设，同样能为城乡居民的"菜篮子"做出更大贡献，无形中增强与生鲜超市抗衡的能力。

（2）威胁分析。

第一，人们逐渐提高的生活质量意识。随着城乡居民收入水平的逐步提高和消费能力的不断增强，人们越来越注重生活质量和生活环境的改善，对农产品的需求也越来越高，包括对购物环境、食品质量、卫生条件等方面的要求。随着农业生产过程中农药、化肥和除草剂等化学物质投入的不断增加，食品安全问题也日益受到消费者关注。在这一背景下，农贸市场经营服务水平相对落后，经营商品以初级农副产品为主，自然满足不了消费者对方便、快捷的净加工生鲜副食品的需求，更不能满足消费者对卫生、健康和生活环境质量的要求。消费者对食品质量安全问题的关注直接影响了对购买地点的选择。调查显示，重庆人更愿意去农贸市场购买水果、蔬菜，但更愿意在超市购买肉类、蛋、鱼等生鲜产品。

第二，"农改超"政策的压力。超市生鲜农产品经营适应了社会经济发展的需要，在发展过程中得到了政府在政策上的大力支持。自2000年以来，北京、上海、深圳、南京、杭州等大城市相继制定了推进农贸市场超市化改革的政策。2004年国务院发布的《关于促进农民增加收入若干政策的意见》和2005年发布的《关于进一步加强农村工作提高农业综合生产能力若干政策的意见》明确提出要"加快发展农产品连锁、超市、配送经营，鼓励有条件的地方将城市农贸市场改建成超市，支持农业龙头企业到城市开办农产品超市，逐步把网络延伸到城市社区""鼓励发展现代物流、连锁经营、电子商务等新型业态和流通方式"。重庆市"农改超"条件也比较成熟。农贸市场的经营者有七成非重庆市市民，便于分流。重庆市已表示免征蔬菜经营税收、扶持净菜超市、补贴"菜篮子"工程、免费提供蔬菜检测设施等。另外，近郊农副产品产业化的迅猛发展，都有利于城区"农改超"的实施。

第三，农产品销售的市场变化。目前，农产品生产进入了一个相对过剩的时期，解决农产品"销售难"的根本办法是实现农业生产从粗放型向集约型的转变，提高农产品的内在品质，创立农产品品牌。超市销售的部分无公害蔬菜、绿色瓜果都来自专业果蔬公司，包装精致，具有品牌优势。且超市产品都有产地、质量标准、包装标准，有商标，农产品品牌的竞争必然带来销售形态的升级。通过超市公司的市场化运作，把城市居民的"菜篮子"与农副产品生产基地有机结合起来，有利于促进订单农业的发展，推动农业产业化经营，更好地发挥流通和消费对农业生产的引导作用，引导农民按照市场需求组织生产、调整结构、提高品质，克服生产的盲目性，减少"种什么赔什么"的失误，从而增加农民收入，促进城乡经济协调发展。

六、关于进一步改进市场的建议

农贸市场虽然存在诸多弊端，但在方便市民生活、解决城乡就业等方面的确做出了巨大贡献，而且农贸市场在创建初期一般都考虑了市场的辐射半径，故布局基本合理，再加上老百姓的购物习惯一时难以改变，所以农贸市场仍有存在的必要。面对市场需求的变化和政府政策的压力，我们认为农贸市场有两种改造模式。

1. 对农贸市场进行直接改造

直接对传统农贸市场进行业态提升、调整改造或在原市场基础上进行扩建。针对那些物业结构不合理、面积狭小、露天占道农贸市场的改造，也需要采取这种模式。目前农贸市场之所以整体形象欠佳、环境污染严重，除去市场建筑形式简单、材质落后的原因外，配套设施缺乏或简陋也是一个重要原因。

首先，应当为市场设计排水管道、照明线路、消防栓及其他消防设施；其次，应当为市场设计专用下水管道、烟雾排放处理设施、封闭式垃圾盛放器、卫生隔离措施，以及厕所；最后，应当根据市场规模规划停车场地，停车场地可以采取售货区适当后退的方式。

2007 年 1 月，政府下发了重庆市农贸市场升级改造工作方案，市政府决定用三年时间对全市农贸市场实施升级改造，实现场内、场外环境同步改善，硬件设施和软件设施同步升级。主城区每年安排配套资金 300 万元，用来支持工作的开展。为鼓励和引导企业积极投身此项工作，2007 年，市财政另外安排了 500 万元用于对全年升级改造农贸市场工作的奖励。

2. "农改超"模式

该种模式包括"农改超"独立经营和"农加超"并行经营。"农改超"是将传统的农贸市场进行改造后，建立在农贸市场基础之上的农产品超市。"农改超"独立经营是指农贸超市按照现代超市规范化经营的模式，在商品采购、运输、卖场布局、促销、计量计价、收银、员工管理等方面均由公司统一管理。超市内经营的农产品有质量标准、包装标准，有商标并标明产地。然而这种独立经营模式由于农副产品的价格远高于传统农贸市场，并没有被普通消费者接受。"农加超"并行经营就是在改造后的农贸市场中建立一个超市，同时也保留一定面积的农贸市场，超市实行统一经营，农贸市场仍实行分散经营。这是一种过渡模式。从现实考虑，这种模式可能更容易被市民接受，因为人们选择到超市购物看中的是干净、舒适的环境，而到农贸市场图的是方便、产品新鲜和选择面广，"农加超"模式可以将超市和农贸市场的优点结合起来，使二者之间相互促进、互补有无。

参考文献

[1] 王凯伟，涂义美. 农贸市场管制问题及策略 [J]. 湖南财政经济学院学报，2012.

[2] 陆远如，段凌峰，王丹宇. 话说城乡统筹 [M]. 长沙：湖南师范大学出版社，2007.

[3] 蒋逸民. 我国城市农贸市场监管问题与对策建议 [J]. 决策咨询，2012 (4).

[4] 文孝兰. 农贸市场监管问题研究 [J]. 科技向导，2012.